Holger Banse

Berührt werden

Holger Banse

Berührt werden

Vorträge über Gott und seine Menschen

Fromm Verlag

Impressum / Imprint
Bibliografische Information der Deutschen Nationalbibliothek: Die Deutsche Nationalbibliothek verzeichnet diese Publikation in der Deutschen Nationalbibliografie; detaillierte bibliografische Daten sind im Internet über http://dnb.d-nb.de abrufbar.

Bibliographic information published by the Deutsche Nationalbibliothek: The Deutsche Nationalbibliothek lists this publication in the Deutsche Nationalbibliografie; detailed bibliographic data are available in the Internet at http://dnb.d-nb.de.

Coverbild / Cover image: www.ingimage.com

Verlag / Publisher:
Fromm Verlag
ist ein Imprint der / is a trademark of
OmniScriptum GmbH & Co. KG
Heinrich-Böcking-Str. 6-8, 66121 Saarbrücken, Deutschland / Germany
Email: info@frommverlag.de

Herstellung: siehe letzte Seite /
Printed at: see last page
ISBN: 978-3-8416-0510-8

Inhalt **Seite**

Berührt von Gott. Einleitende Gedanken

Wer ist Gott? Wo ist Gott? Wie ist Gott? Unter diesen drei Fragestellungen werden im Folgenden elf Vorträge vorgelegt.

Die ersten drei Themen sind exegetische Untersuchungen zu den Kapiteln 19 bis 22 aus dem 1. Buch der Könige. Hier wird insbesondere der Frage: Wer ist Gott in Israel? nachgegangen. Diese stellt sich insbesondere in der Auseinandersetzung des Propheten Elia mit der Königsgattin Isebel.

Themen, wie die Menschwerdung Gottes, das Leiden Jesu, die Frage nach der Theodizee, werden unter der Frage ‚Wo ist Gott? beschrieben. In einem zweiten Aufsatz wird diese Frage fortgeführt, wenn menschliches Leben in der Polarität zwischen ‚Sein‘ und ‚Haben‘ betrachtet wird.

Der dritte Abschnitt beginnt unter der Fragestellung: ‚Wie ist Gott? mit einer Untersuchung des 3. Kapitels des Buches Rut. Was es bedeuten kann, sich einem/einer Anderen anzuvertrauen und damit das Wesen der Liebe zu entdecken, wird an der Person der Rut eindrücklich erläutert. Im Folgenden wird untersucht, ob sich eine gerade aus der Frauenbewegung der 70er und 80er Jahre des vergangenen Jahrhunderts angefragte ‚Ethik der Zärtlichkeit‘, die sich im Gegensatz zu der oft von Männern propagierten ‚Ethik der Verantwortung‘ definierte, auf eine biblische Grundlage berufen kann. Dass hier auf die weibliche Seite Gottes in besonderer Weise hinzuweisen ist, ergibt sich zwangsläufig. Und was wäre all das, wenn Zärtlichkeit, die ihre Ursache in Gottes Zuwendung zum Menschen findet, nicht heilende und heilsame Folgen für die Menschen hätte?

Und da all dies nicht ohne die konkrete Zuwendung Gottes zu den Menschen durch seine immer wieder erfahrene Berührung geschehen kann, ergab sich der Titel zu diesem Buch von selbst, auch wenn Gottes Berührung manchmal nur zwischen den Zeilen durchzuscheinen vermag.

Wer ist Gott?

Die Fallen. Gedanken zu 1. Könige 22[1]

Die Fallen: wie viele sind es? 2, 4 oder mehr? Werde ich sie alle entdecken? Oft aber bleibt immer noch eine verborgen.
Es könnte eine Falle sein, in einer Vortragsreihe über Elia an ein Kapitel zu stoßen, in dem Elia gar nicht mehr vorkommt. Also, was mache ich? In die Falle gehen oder versuchen, sie zu umgehen. Aber wie?
Es könnte eine Falle sein, über Micha zu sprechen, ... Halt! Über Micha ben Jimla, zu sprechen. Die Konkretion ist wichtig, denn schon lauert wieder eine Falle, denn es gibt da noch den anderen, den aus Morescheth.
Also, es könnte eine Falle sein, über Micha ben Jimla zu sprechen, wenn überall in unseren Gedanken noch der große Elia herumgeistert wie ein Gespenst. Aber die Zeit des Elia ist zunächst vorbei. Die Zeit des Micha hat begonnen. Doch nein, Elia taucht gleich wieder auf: im 2. Buch der Könige, doch nur noch für eine kurze Zeit, dann wird er ganz von Elisa abgelöst. Dafür wird Elia in den Himmel entrückt. Und Micha, er bleibt auf der Erde, ihm bleibt nur ein Kapitel im Königebuch, das zweiundzwanzigste. Gleichsam ein Intermezzo. Unvermittelt ist er da. Unvermittelt verschwindet er wieder. Aber sein Auftreten war eindrucksvoll. Und das nicht nur beim König.
Die Fallen. Wo sind sie? Hat Gott sie gelegt? Oder die Menschen? Der König Ahab, oder Josaphat, der König von Juda? Vielleicht die Feinde aus Aram? Oder die Propheteninnung? Der Deuteronomist, der als der Verfasser des Buches der Könige gilt[2], - oder die Bibel selbst? Aber die Bibel stellt keine Fallen, nur die Menschen, die versuchen, sie auszulegen, sie zu verstehen. Oft geraten wir in Fallen, weil wir die Bibel verwechseln mit dem Wort Gottes selbst, so als ob Gott Buchstabe für Buchstabe der Heiligen Schrift diktiert hätte. In diesem Irrtum verfängt man sich natürlich leicht. Und am Ende weiß man gar nicht mehr, was man von der Wahrheit halten soll. Ob sie hier steckt oder da zu finden ist, oder ob man lediglich wieder einmal in eine Falle geraten ist. *Was ist Wahrheit*? fragte schon Pontius Pilatus im Angesichte Jesu.
Die Fallen, wo sind sie? Stecken sie in der Geschichte. Nein, nur wenn wir sie zu vergessen suchen, um sie somit ungeschehen zu machen, wird sie zur Falle. Also, hüten wir uns vor dem Vergessen unserer Geschichte und beginnen gleich mit der des Ahab.

---

[1] So lautete das dem Vortragenden gegebene Thema des Vortrags

[2] Unter Deuteronomisten verstehen wir eine Schule von judäischen Theologen, die den Monotheismus besonders betonten. Dazu gehört der Verfasser des Deuteronomiums, des 5. Buches Mose. Zum anderen ist der deuteronomistische Redaktor zu nennen, der den Pentateuch, die 5 Bücher Mose und die Bücher Josua, Richter, Samuel und Könige im Sinne dieser Theologie überarbeitete.

Die Geschichte des Ahab

Ahab[3] war der Sohn Omris und regierte zwischen 871 und 952 vor unserer Zeitrechnung. Er heiratete Isebel, die Tochter des Königs Ittobaal von Tyrus. Diese Heirat sicherte Ahab ein gutes Einvernehmen mit dieser reichen und mächtigen Stadt.
Zunächst führte Ahab Krieg mit den Aramäern, z. B. um die Stadt Ramoth in Gilead. Hier haben wir schon einen Bezug zu dem Kapitel, das uns an dieser Stelle interessiert (1. Kön. 22, 3ff) Zu Zwecken dieser Kriegsführung geht er dann auch die Koalition mit Josaphat ein, dem König des Nordreiches, also Judas. Diese kleinen Streitigkeiten um den Besitz von Stadtstaaten im ostjordanischen Gebiet gehen mit unterschiedlichem Erfolg aus. Aber am Ende kommt es zu einem Friedensschluss mit den Aramäern, der zunächst aber nicht sehr stabil ist. Erst als sich die große Gefahr aus Assyrien ankündigte, verbündeten sich die seit jeher im Streit liegenden Kleinstaaten Israel, Juda, Aram, Moab und Phönizien und widerstanden der assyrischen Streitmacht unter Salmanassar bei dem Ort Qarqar. In dieser Schlacht wird vonseiten der Geschichtsschreiber besonders Ahab positiv herausgehoben, der mit 2000 Kampfwagen und 10000 Mann am Sieg beteiligt war, ja Ahab wird als eine der führenden Persönlichkeiten in dieser erfolgreichen antiassyrischen Koalition beschrieben. Die Gefahr durch Assyrien war zunächst gebannt, so dass es in Israel und Juda zu einer Blütezeit kam. Moab wurde unter Ahab wieder unter israelitische Vorherrschaft gestellt. Edom wurde zur Provinz Judas. Diese außenpolitischen Erfolge gelangen jedoch nur, weil Ahab innenpolitisch für Frieden gesorgt hatte und zwar durch die friedliche Koexistenz von Israel und Kanaan, von Jahwe und Baal. Aus diesem Grunde wurde auch der Frau Ahabs Isebel ein Heiligtum eingerichtet, das dem Baal geweiht war. Politische Erfordernisse zwingen zu religiösen Zugeständnissen.
Was man heute als kulturelle Weltoffenheit bezeichnen würde, damals die Grenzen zwischen israelitischem und kanaanäischem Wesen verwischte und den Synkretismus förderte, wurde dem Ahab im deuteronomistischen Geschichtswerk zur Kritik. Darum lesen wir im Buch der Könige so gut wie gar nichts von Ahabs politischen Erfolgen. Im Gegenteil: Ahab wird äußerst negativ dargestellt. Diese Einseitigkeit wird jedoch der historischen Bedeutung Ahabs nicht gerecht. Die Erfolge durch militärische und diplomatische Bündnisse werden dem Bibelleser verschwiegen. Die religiöse Haltung Ahabs und das Dulden mehrerer Götter gleichzeitig veranlassen den Verfasser des Königbuches zur gefärbten Geschichtsschreibung. Es taucht also erneut die Frage auf: Was ist denn nun die Wahrheit? Die eine oder die andere, die biblische oder die historische? Ich möchte diese Frage noch verstärken:

[3] vgl. Antonius Gunneweg, Geschichte Israels bis Bar Kochba, Stuttgart 1972, S. 96ff.

Als Jehu, der als Exponent der jahwetreuen, der konservativ-israelitischen, der anti-baalischen Kreise gilt, die gesamte Familie und Nachkommenschaft Ahabs bei Jesreel ausrottet (2. Kön 9f), wird ihm das im jahwetreuen Königebuch zum Ruhm. Aber der Prophet Hosea prophezeit gerade wegen dieser Bluttat des Jehu bei Jesreel dem Hause Jehus und Israel insgesamt das Ende als Gericht Jahwes (Hos.1,3f). Was ist Wahrheit, die des Deuteronomisten oder die des Hosea?

Micha ben Jimla, der prophetische Fallensteller

Am Anfang der Geschichte Ahabs finden wir nun Micha, wie er seine Falle stellt. Der König von Juda plant seinen Feldzug gegen die Aramäer. Zuvor befragt er seine Propheten, ob Jahwe ihm für diesen Krieg den Segen gibt, also den Sieg verheißt, oder eine Niederlage. Die rund 400 Propheten, alle wohl Lohnabhängige des Königs, sagen die Niederlage des Feindes voraus. *Zieh hinauf! Der Herr wird's* (die Stadt Ramoth in Gilead) *in die Hand des Königs geben (1. Kön. 22, 6b).* Zweckoptimismus verspricht schnelle Erfolge. Wir kennen das. Dann wird auch Micha befragt. Micha, sein Name birgt für Qualität, Micha, der Name übersetzt bedeutet: wer ist wie Jahwe? hat aber nun das Pech, einen schlechten Ruf zu genießen. Er gilt als Unheilsprophet. Zunächst wird ihm vonseiten seiner Prophetenkollegen nahegelegt, sich demokratisch an die Aussagen der anderen 400 zu halten, denn die Mehrheit hat ja wohl immer recht. Und Micha gehorcht: warum opponieren? warum Streit anfangen? *Zieh hinauf. Es wird dir gelingen,* beruhigt er den König. Wer stellt die Falle, die 400 ihm, oder er den 400 und dem König? Aber der König ist sensibler, als die 400 es gedacht hätten. Er scheint die Falle zu ahnen und darum bedrängt er den Micha, die Wahrheit zu sagen und nichts als die Wahrheit. Und Micha konvertiert, verlässt demokratische Fronten, er kippt um zugunsten der Wahrheit. Wessen Wahrheit, seiner Wahrheit, Jahwes Wahrheit. Wer weiß? Aber seine Wahrheit ist hart: es ist die Vision von Israel, das Schafen gleich auf den Bergen verstreut ist, es ist die Vision von dem Lügengeist, der aus der himmlischen Thronschar heraus die Propheten befällt, die Gott um sich versammelt hatte, um über den Feldzug des Ahab zu beraten.

Das Ende ist schnell erzählt. Die 400 Propheten protestieren, werden handgreiflich. Wer kann mit der Wahrheit und gar mit der eines Minderheitsvotums schon gut umgehen? Der König, der Erfolg verbuchen möchte und sich die Niederlage Arams in den Kopf gesetzt hatte, und deshalb keinen Unheilsspruch aus dem Munde eines Propheten hören wollte, lässt den Micha in den Kerker werfen. Ahab zieht in den Kampf und wird getötet. Sagt der Deuteronomist in 1. Könige 22. Das ist seine Wahrheit. Die Wahrheit der Geschichtsschreiber aber ist, wie wir oben hörten, eine andere.

Was also ist die Wahrheit? Die des Deuteronomisten oder die der nichtbiblischen Geschichtsschreibung[4] Die Wahrheit ist verschieden, ist nie allgemein, ist immer konkret. Für die jahwetreue Geschichtsschreibung verblutet Ahab auf seinem Wagen in der Schlacht um Ramoth und die Hunde leckten sein Blut und die Huren wuschen sich darin. Für die historische Geschichtsschreibung lebt er fröhlich fort und erringt in der Folge nicht unbedeutende außenpolitische Ziele.
Was ist die Wahrheit? Die der 400 Propheten oder die des Micha? Sie sind nicht miteinander zu vereinbaren.

Freiheit oder Bindung als Bezugspunkte der Wahrheit?

Aber eine Frage wird laut. Die Frage nach prophetischer Freiheit oder prophetischer Bindung gegenüber dem König, gegenüber den Regierenden. In der Unheilsbotschaft Michas und der Heilszusage der Prophetenschaft wird diese Frage deutlich. Die Beziehung der 400 zum König ist so eng, dass sie als 'seine Propheten' bezeichnet werden (1. Kön. 22, 22f). Sicher, Hofpropheten[5] gab es auch schon früher; Gad, z. B., der Seher Davids, oder Nathan. Beide traten aber auch anklagend vor den König. Bindung an den Hof bedeutete nicht gleichzeitig notwendig Abhängigkeit. Wie sieht es heute aus? Welche Falle? Auch das Gegenüber von Gruppe und Einzelnem ist nicht unbedingt identisch mit dem Gegensatz von Bindung und Freiheit. Die Erzählung von Micha ben Jimla ist jedoch darin zukunftsweisend, dass sie den Gegensatz zwischen Schriftpropheten und den vielen anderen Propheten vorwegnimmt. Bei Jeremia (Jer. 28) finden wir das gleiche Problem, wo Jeremia dem Hananja gegenübersteht. Beide verweisen in ihrem Urteil auf ein Gotteswort. Dies ist jedoch von Grund auf verschieden. Hier bei Micha, wie später bei Jeremia, wird die Entscheidung den Hörern nicht abgenommen. Zwar steht die Prophetie, auch die der Hofprophetie in einer guten Tradition. Aber Tradition reicht als Kriterium für Wahrheit nicht aus.
Was ist nun Wahrheit? Die alte Frage der philosophischen und biblischen Skepsis findet beim Prediger Salomos die Antwort: alles ist eitel. Wahrheit? Mittel zum Zweck, abhängig von politischer oder theologischer Absicht oder welcher Absicht auch immer. Oder erweist sie sich erst im Ergebnis als richtige oder falsche Wahrheit?
Auf alle Fälle halten wir fest: Wahrheit ist nicht abstrakt, kein abstraktes Wissen, das nur für sich selbst da ist und das unabänderlich in sich ruhen kann. Wahrheit ist konkret, ist auf Situationen bezogen, in denen Menschen leben, auf ihre Bedürfnisse bezogen, in denen sie sich vorfinden. Darum wird diese Wahrheit auch in Glaubensfragen, so auch an unserer Stelle in 1. Kön., konkret,

---

[4] vgl. Monolith-Inschriften mit authentischen Annalenberichten Salmanassers über den späteren Krieg der Kleinstaatenkoalition gegen die Assyrer, in dem Ahab ein wichtige Rolle spielt. ebenda S. 96.
[5] vgl. Werner H. Schmidt, Alttestamentlicher Glaube in seiner Geschichte, Berlin, 3. Auflage 1987, S. 270.

geschichtlich und parteilich gedacht. Darum streiten in unserem Falle die Propheten, darum widerstreiten auch ihre Wahrheiten. Die außerbiblische Geschichtsschreibung gibt den 400 recht: *'Zieh hinauf, der Herr wird die Stadt in die Hand des Königs geben.'* Es kam nach einigen Wirren zu einer Koalition zwischen Israel, Juda, Aram und anderen kleinen Völkern. Ahab aber überlebte das Gerangel um Ramoth in Gilead.
Die biblische Geschichtsschreibung gab dem Micha recht. Ahab überlebte das Gerangel nicht. Er starb verblutend auf seinem Wagen. Die Vision des Micha jedoch: *'ich sah ganz Israel verstreut auf den Bergen wie Schafe, die keinen Hirten haben'* wurde Realität und damit Wahrheit erst nach dem unfreiwilligen Exil, der unfreiwilligen Diaspora nach der Zerstörung des 2. Tempels im Jahre 70 unserer Zeitrechnung.

Gott und Gottesbilder

Ich möchte meinen Finger auf einen weiteren wunden Punkt im Blick auf biblische Wahrheiten legen oder um im Thema zu bleiben: tut sich nicht auch in der Frage nach Gott eine Falle auf, in die wir leicht hineingeraten könnten.
Ist das Bild, das Micha uns von Gott zeichnet, noch unser Gottesbild?
Ich möchte diesen Gedanken an drei Punkten erläutern.

1. Jahwe, sein Thronrat und die Vorsehung

In der Geschichtsdeutung Israels hatte Gott seinen festen Platz. Ist Gott mit uns in der Schlacht, wer kann gegen uns sein? Sicher, bis zum ersten Weltkrieg unseres Jahrhunderts haben sich Reste dieser positivistischen Geschichtstheologie gehalten. Aber nicht nur das. Wir lesen in 1. Kön. 22, 19f: *'Ich sah den Herrn sitzen auf seinem Thron und das ganze himmlische Heer neben ihm stehen zu seiner Rechten und Linken. Und der Herr sprach: Wer will Ahab betören, dass er hinaufzieht und vor Rahab in Gilead fällt? Und einer sagte dies, der andere das.'* Gott leitet, Gott lenkt die Geschichte, berät sich mit seinem Hofstaat über Geschichtsabläufe. Politische Vorhaben werden im himmlischen Thronrat durchgesprochen und beschlossen (1. Kön. 22, 19-22) und Gottes Propheten geben das Signal zum Angriff.
Hier bei Micha beginnt etwas Neues: Gottes Vorsehung lenkt Geschichte und Geschicke der Menschen. Die Konzeption von einem Plan, den Jahwe in der Geschichte zur Durchführung bringt, ist in der prophetischen Verkündigung des 8. Jahrhunderts neu[6], hält sich dann aber sehr lange. Noch in einigen Reden Adolf Hitlers finden wir den Gedanken der Vorsehung Gottes wieder. Darum sind mir diese Gedanken über Gott suspekt, können nur als Teil

[6] vgl. Gerhard v. Rad, Theologie des Alten Testaments, Bd. 2, München, 6. Auflage 1975, S. 169.

deuteronomistischer Geschichtsbetrachtung und Geschichtstheologie verstanden werden.

2. Die Verstockung oder Gott als der Fallensteller

Suspekt ist mir auch ein anderer Gedanke im deuteronomistischen Gottesbild, ja im Gottesbild auch anderer Stellen des AT, nämlich der, dass Gott verstockt oder betört, wie es in unserem Zusammenhang heißt. Entpuppt sich Gott nicht hier als der große Fallensteller, der zumindest zulässt, dass die 400 Propheten betört werden, um dem Ahab eine falsche Auskunft zu geben, die ihn dann ins Unglück laufen lässt*: Da trat ein Geist vor und stellte sich vor den Herrn und sprach: Ich will ihn betören. Der Herr sprach zu ihm: Womit? Er sprach: Ich will ausgehen und will ein Lügengeist sein im Munde aller seiner Propheten. Er sprach: Du sollst ihn betören und sollst es ausrichten; geh aus und tu das!* (21f) Ist es nicht eine sehr zweifelhafte Gesellschaft, die Gott da um sich gesammelt hat. Erinnern wir uns an die Verstockung des Pharao, die nach biblischen Berichten seine ganze Armee aufreibt, um *'dir meine Macht zu zeigen und dass man meinen Namen auf der ganzen Erde verkündigt.'* (Ex 9,16). Ein böser Geist schürt Unfrieden zwischen Abimelech und den Männern von Sichem (Ri. 9, 23) Über Saul kommt ein böser Geist (1. Sam. 16, 14; 18,10; 19,9). Auch Rehabeam und hier sind wir schon im Königebuch (1. Kön. 12, 15) führt eine törichte, von Jahwe verhängte Entscheidung aus, die nicht auf Begeisterung in seinem Volkes stößt. Bei Jesaja schließlich durchzieht das Motiv der Verstockung sein ganzes prophetisches Wirken. Denken wir an Hiob. Sicher, mit dieser Erklärung, Luther sprach hier vom ‚Deus absconditus', vom verborgenen im Gegensatz zum ‚Deus revelatus', zum geoffenbarten Gott, konnte man ohne Schwierigkeiten auch die bösen und dunklen Dinge aus der Hand Gottes nehmen, ohne daran zu verzweifeln. Die Frage nach dem Zusammenhang zwischen Gott und dem Bösen beschäftigt Menschen über die Jahrhunderte immer wieder. Und dient nicht vielen heute Gott nur noch zur Erklärung von Fragen in Grenzsituationen des Lebens. Aber der Ort, von Gott zu sprechen, das hat uns Dietrich Bonhoeffer sehr eindrücklich gesagt, ist nicht an den Grenzen unseres Lebens zu finden, wo es besser wäre zu schweigen, sondern in der Mitte, im Zentrum unseres Lebens[7]. In unserem postmodernen Denken hat Gott als Lückenbüßer[8] keinen Platz mehr. Und Verstockungstheorien ebenfalls nicht mehr. Denn damit wären auch heute viele Probleme und vor allem die Eigenverantwortlichkeit zum Beispiel für das Böse, das ich tue, aus der Welt geschafft.

---

[7] vgl. Dietrich Bonhoeffer, Widerstand und Ergebung, Brief vom 30. April 1944, 8. Auflage, Hamburg, 1974

[8] ebenda, Brief vom 25. 5. 1944.

3. Jahwe und Baal

In diesem letzten Punkt, und hiermit möchte ich meine Gedanken beenden, komme ich zu einer Frage, die mich seit einiger Zeit bewegt. Hier werde ich sie nur kurz, später etwas ausführlicher behandeln können: die Frage nach dem Monotheismus im Alten Testament.
Der Glaube an den einen Gott Jahwe. War er jemals in Israel Realität? Konnte er jemals in der Geschichte auf die Zustimmung der breiten Masse hoffen? Oder war er nur immer Idee, Konzept, theologisches Dogma, wie heute. Sicher aus der Geschichte der Patriarchen wissen wir, dass sich der Gedanke des Monotheismus erst langsam entwickelte, später zum Glaubensbekenntnis wurde. Noch in der Formulierung und Selbstvorstellung Jahwes: 'Ich bin der Gott Abrahams, Isaaks und Jakobs' (Ex. 3,6) finden wir die Dynamik der Bewegung auf dieses Bekenntnis zum Monotheismus hin, die dann möglicherweise mit der Landnahme und der Gabe der 10 Gebote zum Abschluss gekommen war. Aber gerade in Kanaan, im verheißenen Land, finden wir noch immer die Koexistenz zwischen Jahwe und Baal, die Begegnung beider Kulturen. Unter den Richtern und den Königen Saul und David wurde das Bekenntnis zu Jahwe, zu dem einen Gott sehr deutlich vielleicht sogar als Staatsreligion formuliert. Aber schon bei Salomo und seinen Frauen finden wir wieder das Eindringen fremder Religionen auch an den Hof, auch in den Tempel. Und dass Ahab schließlich um des innenpolitischen Friedens willen auch religiöse Zugeständnisse macht im Blick auf die mögliche Zulassung beider Religion, die des Jahwe und die des Baal, in welcher Gewichtung auch immer, verwundert dann nicht mehr. Ich wiederhole: die multikulturelle, ja multireligiöse Gesellschaft ist kein Phänomen von heute. Sie bestand wohl schon immer. Jedoch stellt sich die Frage des Monotheismus, damals wie heute. *'Woran du dein Herz hängst, das ist dein Gott'*, wusste Martin Luther auf die Gottesfrage zu antworten. Heute wird die Frage nach Gott oft gar nicht mehr gestellt. Darum wird es spannend sein zu sehen, welche Kultur der Säkularismus entwickelt.

Ich schließe: Ich habe versucht, einen alten Text ein wenig zum Sprechen zu bringen, ihn zu beleuchten von verschieden Seiten her, von heute her Fragen zu stellen an diesen Text und ausgehend von diesem Text unser Heute zu befragen. Ich habe versucht ein paar Fallen aufzudecken, in andere bin ich vielleicht hineingeraten.

Der Eine Gott[9]

Die Entstehung des jüdischen Monotheismus

Streng genommen hat der Monotheismus in Israel immer nur als Bekenntnis bestanden. Realität in der jüdischen Volksgemeinschaft war er nie. Die Realität war eher eine Monolatrie. D. h., die Existenz anderer Götter wurde nicht in Frage gestellt, verehrt aber wurde in der jüdischen Glaubensgemeinschaft nur der Eine Gott. Wir lesen bei Micha (4,5): *Ein jedes Volk wandelt im Namen seines Gottes, aber wir wandeln im Namen Jahwes, unseres Gottes, immer und ewiglich.* In der Verkündigung der Propheten Israels (vgl. Hosea, Elia, Jeremia) ging es letztlich immer nur um die Konzentration auf und um die Umkehr zu dem Einen Gott und um das Halten seiner Gebote.

Die Verehrung dieses Einen-Einzigen Gottes unterschied sich von Anfang an von der Religion der kanaanäischen Umwelt durch zwei Elemente:

1. durch den Ausschließlichkeitsanspruch des Gottes Israels (*Ich bin der Herr, dein Gott, du sollst keine anderen Götter neben mir habe!.* 1. Gebot, vgl. das Sch'ma Israel) und

2. durch die Forderung der Bildlosigkeit (*Du sollst dir kein Bildnis noch irgendein Gleichnis von Gott machen!* 2. Gebot).

Das Verbot, andere Götter zu verehren, ist grundlegend für den jüdischen Glauben. Der Polytheismus kannte die Aufgabenteilung der verschiedenen Götter. Der Gott Israels, als der Eine und Einzige Gott, war zuständig für alles. Er ist der Gott, der aus Ägypten herausführte, der frei und unabhängig macht. Er ist also der erlösende, befreiende Gott (vgl. Ps 14,7; 31, 6. u. a.). Später wird seine endgültige Erlösung in Zukunft erwartet, d. h. auch im eschatologischen Sinn wird Gott der Erlöser (vgl. Messianologie). Und er ist der Schöpfergott[10], er ist der Gott im Kulturland, der Saat und Ernte verspricht, Sonne und Regen, der sich um das Wohl und das Heil seiner Menschen kümmert, er ist der Schöpfer und darum letztlich der Geber aller Gaben, des Lebens und des Gedeihens.

Auch die bildlose Verehrung des Gottes Israels schied von der Umwelt. Weil Gott ein Gott der Geschichte ist, d. h. weil er in der Geschichte handelt und wirkt, verbietet der jüdische Glaube, ihn auf Vorhandenes, Gegebenes, Statisches festzulegen und zu definieren: auf Bilder, auf einen Tempel oder bestimmte Herrschaftsverhältnisse, auch nicht auf bestimmte theologische Sätze. Gott ist und bleibt frei in allem, auch wie er sich zu den Menschen verhält. Jahwe ist der, der da sein wird, je und je in der Geschichte als der, der

---

[9] Verwandte Literatur: Arbeitsbuch Christen und Juden, Zur Studie des Rates der Evangelischen Kirch ein Deutschland, Gütersloher Verlagshaus Gerd Mohn, 1979, S. 32ff.

[10] Dieser Gedanke wird erst spät formuliert. Denn erst mit der Seßhaftwerdung begegnet den Israeliten bei den Kanaanäern ein Gott als Schöpfergott. Die frühen Propheten erwähnen diesen Gedanken nicht, wir finden ihn erst bei Deuterojesaja (Jes. 40-55).

da sein wird. Diese Erkenntnis Gottes wird nicht durch Philosophie oder durch Spekulation begriffen, sondern nur durch den Gehorsam seinen Geboten gegenüber, durch das Tun seines Willens. Jüdische Religion ist darum eher Theo-praxie (an Gottes Willen orientiertem Handeln) als Theo-logie (Lehre über Gott und sein Wesen). Das Bilderverbot schützt Gott vor dem Besessen-Werden. Denn was dargestellt wird, kann auch zum Besitz werden.
Gott ist der Eine Gott, der in der Geschichte handelt und wirkt. Darum ist der Glaube an ihn auch immer die Erinnerung, hat also mit Geschichte zu tun, seiner Geschichte mit seinem Volk. Jüdische Religion ist darum auch immer bewusster Mitvollzug dieser Geschichte Jahwes mit Israel. Jede Schabbath-Feier verwirklicht die Geschichte, versucht sie in die Gegenwart zu übersetzten. Sie erzählt von der Einsetzung des 7. Schöpfungstages über den Exodus aus Ägypten bis hin zum letzten Exodus (Erlösung in der Zukunft als eschatologisches Ereignis), der die ganze Menschheit betrifft, die letzte Freiheit, die die Menschen bei Gott gewinnen.

Die Bewährung des Monotheismus gegenüber dem Hellenismus

Die Eroberung des Vorderen Orients durch Alexander den Großen bedeutete für den Glauben der Juden an den Einen Gott eine große Herausforderung. Denn die hellenistischen Herrscher versuchten auch mit Gewalt ihre, die griechische Kultur durchzusetzen. Die Religion der unterworfenen Völker wurde überall mit hellenistischer Religiosität verschmolzen. Von hellenistischer Seite war diese Theokrasie (= Verschmelzung verschiedener Gottheiten) möglich, weil ihre Gottesvorstellung die Gottheiten anderer Völker als besondere Erscheinungsformen des allgemein Göttlichen verstand. Im Unterschied zu anderen Völkern verweigerten die Juden, auch in der Diaspora, die Einbeziehung ihres Gottes in die Theokrasie (aber vgl. Paulus auf dem Areopag, Apg. 17, 16ff). So wehrten sie der Gefahr der Auflösung der eigenen Geschichte und seiner Identität. Der Aufstand der Makkabäer (165 bis 63 vor unserer Zeitrechnung) war also nicht nur ein politischer Kampf, sondern auch der Kampf um die Identität des Volkes und seines Gottesglaubens. Trotzdem blieb der jüdische Monotheismus nicht unbeeinflusst von griechischer Philosophie.

Die Aufnahme des Monotheismus im Neuen Testament

Das Neue Testament bleibt weitgehend (in den johanneischen Schriften vielleicht weniger) in der Tradition des Alten Testaments. Gott wird mit dem griechischen Wort '*theos*' wiedergegeben, das für die Griechen nicht das Wesen eines geschichtlichen Gottes beinhaltet. Die Götter werden, wie schon in der

Septuaginta[11], '*eidola*', Bilder, Götzen genannt. Jesu Bekenntnis (vgl. Mk. 12, 28-34) ist das Bekenntnis zu dem Einen-Einzigen Gott. Paulus steht ganz in jüdisch-hellenistischer Tradition. Seine missionarischen Erfolge beschreibt er als die Bekehrung der Heiden zum monotheistischen Bekenntnis (vgl. 1. Thess. 1, 8f. u. a.) während der Götzendienst in den paulinischen Lasterkatalogen aufgezählt wird (1. Kor. 6,9 u. a.). Das eigentümlich dialektische Verhältnis der Heiden zum wahren Gott begegnet vor allem in der Areopagrede des lukanischen Paulus (Apg. 17, 16ff).

Das jüdische Glaubensbekenntnis

Der Glaube an den Einen-Einzigen Gott findet seine bekenntnismäßige Ausgestaltung im *Sch'ma Jisrael*, dem jüdischen Glaubensbekenntnis. Hier wird der Glaube an den Einen Gott verknüpft mit dem Bekenntnis, dass dieser Gott der Gott Israels ist. Im Mittelalter wurde das 'Sch'ma' als Bekenntnis zur Einzigartigkeit Gottes gegenüber der ganzen Schöpfung interpretiert und diente zugleich zur Abgrenzung gegenüber christlicher Trinitätslehre. Das 'Sch'ma' ist bis auf den heutigen Tag das einzige grundlegende jüdische Bekenntnis. Insofern lässt es sich formal mit den christlichen Glaubensbekenntnissen vergleichen. Doch kommt der Rezitierung des 'Sch'ma' kein Eigengewicht zu, da sich Glaube im Judentum nie losgelöst von einer der göttlichen Weisung entsprechenden Lebenspraxis vollzieht. Glauben und Tun sind eng miteinander verbunden, das eine ohne das andere gibt es nicht. Auch gibt es Unterschiede in der formalen und thematischen Struktur: christliche Bekenntnisse enthalten komplexe Lehraussagen, das 'Sch'ma' jedoch enthält neben der knappen Aussage über die Einzigartigkeit Gottes lediglich eine Anrede an das Gottesvolk.

Seit dem Mittelalter gibt es auch im Judentum Zusammenstellungen von Lehraussagen. Am bekanntesten sind wohl die Dreizehn Glaubensartikel des Maimonides[12]. Wichtiger als diese theologischen Lehrsätze sind für das Judentum Glaubensaussagen, wie sie sich immer wieder in gebrauchten Gebetstexten finden. Denn in der hebräischen Sprache bedeutet 'bekennen' zugleich immer auch 'danken' und 'preisen'.

---

[11] griechische Übersetzung des Alten Testaments, oft als LXX abgekürzt, der Tradition nach sollen 70 (septuaginta) Gelehrte an der Übersetzung gearbeitet haben.

[12] jüdischer Arzt und Philosoph am Sultanshof in Kairo, geb. 1135 in Cordova/Spanien, gestorben 1204 in Kairo.

Elia und Isebel

Vorbemerkungen

Mit Elia und Isebel treffen sich zwei Menschen am Rande der großen Weltgeschichte, die in geistlicher, geistiger, politischer, sozialer und rechtlicher Hinsicht aus sehr unterschiedlicher Tradition kommen. Aber, wenn auch aus verschiedener Motivation heraus, stellen sie die gleiche Frage an die Menschen ihrer Zeit und ihres Landes, nämlich die: wer ist Gott in Israel? Und sie beantworten sie auf verschiedene Weise. Die jeweilige, wenn auch unterschiedliche Beantwortung der gleichen Frage hat im Verlauf der Zeit jedoch großen Einfluss auf die Weltgeschichte, so dass die Antworten und deren Nachgeschichte über eine nicht unerhebliche Zeitspanne von der Peripherie ins Zentrum der Weltgeschichte rücken.

Wir wissen von Elia, weil uns jüdische Geschichtsschreibung, hier vor allem die deuteronomistische von ihm berichtet. Für diese und somit für Elia ist das, was wir heute Monotheismus nennen, also das Bekenntnis zu dem einen-einzigen Gott, existenziell. Sie klagen es bei Verantwortlichen in Staat, Religion, Gesellschaft und Familie immer wieder ein. Isebel hingegen kämpft ihrer religiösen Herkunft entsprechend für die göttliche Vielfalt in religiöser Einheit. Das aber nicht, ohne ihre göttlichen Favoriten zu benennen.

Was wir jedoch heute über Isebel lesen, entstammt der Reflektion derer, die sich mit Elia dem Monotheismus verschrieben hatten, so dass wir Erzählungen über Isebel lediglich in einer Negativfolie vorliegen haben. In dieser Beschreibung wird Isebel zum personifizierten Bösen in Frauengestalt[13], der jegliche Moral fremd ist. So überrascht es nicht, dass mit ihr Katharina von Medici, Katharina die Große in Russland und Elisabeth I. von England verglichen werden. Mit Hilfe dieser Negativfolie gelingt es aber nun den deuteronomistischen Redakteuren der biblischen Geschichtsbücher fast ausnahmslos, die Religion Israels als fast immer schon monotheistisch zu beschreiben, gelingt es ihnen vor allem, die Göttin, ja die Göttinnen, d. h. die weiblichen Gottheiten so gut wie ganz aus der Frömmigkeit Israels zu eliminieren, darüber hinaus auch die Rolle der Priesterinnen, ja der Frau generell im offiziellen religiösen Kult des Landes zu streichen. In dieser Interpretation wird Isebel zum Archetypus all dessen, was an Verehrung weiblicher Gottheiten und kultischer Funktionen von Frauen gedacht werden kann, dies verbunden mit dem Hinweis auf die ´fremde´ Frau[14], die Isebel ja nun zweifellos auch war.

Diesem Fragenkreis und seinen Gründen möchte ich in diesem Vortrag nachgehen. Hier wird sich möglicherweise eine der Quellen dafür finden, was wir als Christen heute im Blick auf die Rolle der Frau im Judentum meinen

[13] vgl. im Folgenden: Steinsaltz, S. 242ff

[14] vgl. Soggin, S. 453.

verstanden zu haben, was der Jude Paulus über die Rolle der Frau im Gottesdienst zum Ausdruck brachte, was sich bis auf den heutigen Tag in der sozialen, politischen und hierarchischen Form unserer Kirche, wenn auch in den jeweiligen Bekenntnissen auf unterschiedliche Weise, niederschlägt.

Isebel im Buch der Könige

1. Kön. 16, 31ff erwähnt Isebel ein erstes Mal und gönnt ihr als Frau aus dem fremden Land, also als Fremder keinen positiven Einstieg in die Geschichte Israels. Isebel, schon der Name scheint polemisch auf ihre wenig adelige Geisteshaltung hinzudeuten[15], wird uns als Tochter des Etbaal, des Königs von Sidon, vorgestellt. Sie heiratet Ahab, den König von Israel, den Sohn des Omri. Aber trotz seiner ihm von den Deuteronomisten bescheinigten Sünden regiert er 22 Jahre lang in Samaria. In der Beschreibung der Königebücher ist Isebel lediglich Statistin. In dieser Rolle hat sie nur die eine Funktion. Sie ist der Grund für Ahabs Sünde. Denn das ist die größte Sünde des Ahabs, dass er Isebel zur Frau nimmt, und damit dem Aberglauben und dem Abfall vom Gott der Väter Tür und Tor geöffnet werden. Dies, nämlich die Einführung des Baalskultes und das Aufstellen des Bildes der Göttin Aschera, werden vom Erzähler mit der Heirat Ahabs verbunden.
Die Verse um 1. Kön. 18, 4 handeln von Ahab und seinem Palastverwalter Obadja, der sich, und hier wird Isebel ein zweites Mal erwähnt, immer treu zu Gott gehalten hat, weil er, als Isebel die Propheten Gottes ermorden ließ, 100 von ihnen in Sicherheit gebracht hat. Isebel erscheint wieder aus erzählter Distanz.
Der Gedanke der Rettung der 100 Propheten wird dann in V. 13 noch einmal wiederholt. Vers 19 ergänzt, dass zur Entscheidung auf dem Karmel nicht nur das Volk Israel, sondern in besonderer Weise auch die 450 Propheten Baals und die 400 Propheten der Aschera, die von Isebel mit Essen und Trinken versorgt werden, vom König herbeizitiert werden.
In Kapitel 19 berichtet Ahab seiner Frau von der für die Baalspropheten und der der Aschera negativ ausgegangenen Entscheidung auf dem Karmel, was Isebel dazu veranlasst, Elia nach dem Leben zu trachten. Somit wird nach dieser Tradition der Mordversuch Isebels zum Anlass der Theophanie Elias. In der Folge rückt Isebel aus der Distanz des Erzählers weiter zur Mitte, die sie in der Geschichte um den Weinberg Naboths (Kap. 21), dann auch erreicht. Hier ist Isebel vollends Akteurin, spinnt die Intrige um Naboth, die zu seiner Ermordung führt, auch wenn für den Erzähler nach wie vor der König im Vordergrund steht.
In 2. Kön. 9 neigt sich die Geschichte Ahabs und seines Hauses dem sicheren und friedlosen Ende zu. Hier, endlich im Zentrum stehend, findet Isebel

[15] vgl. ebenda, Soggin; S. 454, Anmerkung 2.

ausdrückliche und ihr Tod eine schauerliche Erwähnung: auf den Äckern von Jesreel soll die Leiche Isebels von Hunden gefressen werden. Ihr Tod selbst, veranlasst durch Jehu, dem Nachfolger Ahabs, wird vom Erzähler in den Versen 30 bis 36 dramatisch in Szene gesetzt, würdig der Vertonung eines Meisters der italienischen Oper.

Isebel, die Königstochter

Isebel ist Tochter des Königs Etbaal von Sidon. Korrekter wäre es, von Tyrus[16] zu sprechen, denn Sidon war Teil von Tyrus. Isebel ist eine ungemein starke und dominante Frau, neben der ihr Gatte Ahab zu verblassen scheint, wenn wir nicht aus einer Monolithinschrift wüssten, dass Ahab[17] eine führende Position in dem Bündnis der 12 Könige innehatte, die in der Schlacht von Qarqar 835 den Assyrerkönig Salmanassar III. zurückschlug. Ahab brachte in dieses Bündnis 2000 Streitwagen ein. Dies unterstreicht wohl die Stärke seiner außenpolitischen Potenz und seine Achtung, die er international genießt.
Isebel genießt am Hofe ihres Vaters die Erziehung einer Königstochter. Hier lernt sie, das zu erreichen, was sie will. Darüber hinaus weiß sie, wie ein König zu herrschen hat, was seine Rechte und was seine Pflichten sind. Politische, rechtspolitische und religionspolitische Fragen hat sie mit der Muttermilch in sich aufgesogen. Und Ahab weiß, wen er sich zur Frau genommen hatte. Sie ist ihrem Mann eine wahre Königin, Assistentin und Partnerin[18]. Ist es nicht vorstellbar, dass Ahab den innenpolitischen und religionspolitischen Bereich seiner Verantwortung offiziell oder inoffiziell seiner Frau überließ, die mit diesen Geschäften seit ihrer Kindheit vertraut war?

Es fällt auf, dass Isebel[19] von Jehu im hebräischen als ‚*g^e^b̲irah*‘, als ´Gebieterin´ bezeichnet wird (2. Kön. 10,13). Bei dieser Bezeichnung handelt es sich um einen besonderen Titel, der die Herrin von ihrer Magd oder Sklavin (Gen. 16, 4) oder die Hauptfrau des Pharao (1. Kön. 11, 19) von den Nebenfrauen unterscheidet. Als einziger ausländischer Frau wird Isebel dieser Titel beigelegt. Sonst ist er nur für Nehusta (Jer. 13, 18; 29,2) und für Maacha (1. Kön. 15, 13; 2. Chr. 15,16), beides Mütter judäischer Könige, bekannt. Für Maacha und für Isebel ist die Verbindung zum Ascherakult belegt, so dass eine Verbindung zwischen dem Titel der ‚*g^e^b̲irah*‘ und dem Ascherakult naheliegt. Da generell in deuteronomistischer Beurteilung der Könige der Einfluss der Mutter eine Rolle spielt, liegt der Schluss nahe, dass die Mütter nicht nur im politischen, sondern auch im religiösen Bereich den König beeinflussten, ja, seine Ratgeberin

[16] so Soggin, ebenda, S. 453, Anm. 3.
[17] vgl. Albertz, S. 230.
[18] vgl. Brenner, S. 20ff
[19] vgl. Jost, S. 137ff.

gewesen ist. Dabei wird der familiäre Hintergrund der Königinmutter eine große Rolle gespielt haben.

Warum also soll Ahab seiner Frau nicht die Aufgaben schon überlassen haben, die sie später für ihre Söhne ohnehin erfüllt? So kann er sich mit all seinen Kräften der Außenpolitik zuwenden und sie für das Haus der Omriden erfolgreich gestalten. Vieles der Geschichte von Ahab und Isebel ist so besser zu verstehen.

Von Hause aus verehrt Isebel Baal, den Gott der Kanaanäer.

Wenn wir annehmen, wie Josephus[20] schreibt, dass Etbaal, ihr Vater, Hoherpriester der Aschtarte[21] war, und wenn wir aus altorientalischem Beispiel wissen, dass in Mesopotamien der König Sargon (2. Hälfte des 3. Jahrtausends) Hoherpriester des obersten Gottes, seine Tochter Hohepriesterin der obersten Göttin war, dass diese religiös-politische Symbiose der Herrscherfamilie unvergleichbare Stabilität im Blick auf ihr Staatswesen ermöglichte, dann ist es nicht unwahrscheinlich, auch im Blick auf den Verlauf der Geschichte, dass Isebel eine tragende Funktion in der Verehrung des Baal innehat, ja selbst Hohepriesterin des Baal[22] ist, was in Tyrus Etbaal und seiner Tochter ein politisches, wirtschaftliches und religiöses Monopol einräumt.

Die Funktion als Hohepriesterin hat große finanzielle Einkünfte zur Folge, die es Isebel ermöglichen, von ihrem Mann Ahab unabhängig zu sein, und in ihrer finanziellen Unabhängigkeit selbstverständlich und ohne Probleme die 450 Baalspropheten und die 400 Ascherapropheten an ihrem Tisch (1. Kön. 18,19) zu beköstigen. Gerade als Hohepriesterin ist sie von Kindheit an dazu erzogen, zu regieren, zu entscheiden und mit säkularen Bereichen der Regierung zu kooperieren. Also eine ideale Königsgattin. Es wäre auch denkbar, dass Isebel in Israel neben dem Amt der Hohenpriesterin für Baal auch dieses für die Aschera übernommen hat, wenn sich die Ausübung dieser beiden Ämter miteinander vertrug. Dies würde die Sorge um das leibliche wie geistliche Wohl der ihr anvertrauten Propheten verständlicher machen.
Während Ahab in Religionsfragen moderater ist, das Gespräch sucht, sich der religiösen Auseinandersetzung stellt, ist Isebel konsequent darauf bedacht, dem Bekenntnis, das sie von Zuhause aus mitgebracht hat, auch in ihrer neuen Heimat Israel stärker als bisher Geltung zu verleihen.

---

[20] vgl. Brenner, S. 23f.

[21] Aschtarte ist die Fruchtbarkeitsgöttin der Kanaaniter, Sidonier und Philister. Sie ist die Paredra(= Helferin) zu Baal, dem Gott des Sturmes und befruchtenden Regens, vgl. Stichwort ´Astarte´ in: Archäologisches Bibellexikon,

[22] vgl. Brenner, S. 24

Isebel verfügt über einen eigenen Hofstaat, über eigene hohe finanzielle Einkünfte aus Steuern, Erstlingsgaben, freiwillige Spenden, die sie aus dem Zentralheiligtum des Baal in Samaria und anderen Lokalheiligtümern bezieht. Die Frage, warum Isebel die Propheten Jahwe verfolgt, überhaupt ihr Versuch, das Bekenntnis zu Baal durchzusetzen, sollte auch unter ökonomischem Aspekt betrachtet werden. Denn je stärker das Bekenntnis zu Gott würde, umso geringer wären die finanziellen Einnahmen aus dem eigen favorisierten Bekenntnisses.
Jedoch darf man Isebel nicht vorwerfen, dass sie besonders habgierig gewesen wäre, denn alles, was sie tut, tut sie nicht aus egoistischen Gründen. Sie engagiert sich auch nicht für die Interessen ihres Vaters oder ihrer alten Heimat, sondern aus der unerschütterlichen Überzeugung[23], auf ihre Weise für das Wohl Israels zu handeln, ja, die Stellung ihres Mannes zu stärken. Auch *„ihr unbarmherziger Kampf gegen die Propheten Gottes ... fügt sich in das von uns skizzierte Bild ihrer Loyalität zum König und zum Königreich ein. Sie will das Priester- und Prophetentum von den Grundfesten auf neu aufbauen, sie will ein neues, vom Standpunkt des Herrschers aus ´effektives´ Prophetentum schaffen, so wie es auf anderen Königshöfen des Orients existiert, ein Prophetentum, das herrschaftshörig ist und dem König dient .... Vielleicht könnte man sagen, dass es noch nie ein solch positiv zu den Propheten eingestelltes Regime gab, wie zur Zeit Isewels. Die Propheten gehen bei ihr ein und aus: Propheten des Baal, Propheten der Aschera ..., sie und viele andere sitzen am Tisch der Königin und können sich und ihre Lehre ihrer ganzen Unterstützung versichert wissen.... Isewels Ausrottungsfeldzug gegen die Propheten Gottes ist also nicht dem ´religiösen´ Aspekt des Prophetentums zuzuschreiben... Sie machen sich vielmehr eines politischen Vergehens schuldig, das in ihren Augen nur als Hochverrat gewertet werden kann: Sie sind nicht der Herrschaft hörig und verfügen über eine eigene Wertordnung, die nicht unbedingt mit den Prioritäten des jeweils herrschenden Königshauses übereinstimmt.“*[24]
Der Macht der Persönlichkeit der Isebel sind dann auch ihre Söhne ausgeliefert, die noch in weit stärkerem Maß als ihr Vater Ahab neben ihr verblassen. Sie sind mehr oder weniger Statisten, die kaum Eindruck machen. Die führende Persönlichkeit des Königshauses ist und bleibt über Jahrzehnte hinweg Isebel. Dass sie die tatsächliche Herrscherin ist, wissen selbst die politischen Gegner und Feinde. Diesen Respekt zollt ihr auch Jehu, der nach erfolgreicher Revolution den Söhnen Ahabs auf dem Thron des Königs von Israel folgt und Isebel, um die Kontrahentin auszuschalten, ermorden lässt. Während er für Ahab und seine Söhne nur Verachtung übrig hat und sie als Ungeziefer ansieht, befiehlt er, Isebel nach ihrer Hinrichtung begraben zu lassen, denn schließlich sei sie eine ´Königstochter´.

---

[23] vgl. Steinsalz, S. 244.
[24] Steinsalz, S. 247f.

Andere Völker hätten einer so überwältigenden Persönlichkeit sicherlich einen Ehrenplatz auf der Galerie der großen Nationalhelden gegeben, jedoch ist für die jüdische Geschichtsschreibung der Aspekt ihrer Größe und staatsmännischen Bedeutung letztlich vollkommen nebensächlich.'[25]

Isebel und die Religion in Israel

Durch die Heirat mit Ahab, dem König von Israel, kommt Isebel nach Israel, ein für sie fremdes Land. Die Frage, ob Israel kulturell, religiös derart verschieden von Isebels bisheriger Heimat war, wie bis vor einigen Jahrzehnten noch angenommen, stellt sich heute neu. Die Frage nach der Religion in Israel, also dem damals und dort gültigen Bekenntnis müssen wir heute sehr viel differenzierter betrachten. Denn das, was in den einzelnen Familie an religiöser Vorstellung und Frömmigkeit gepflegt wurde, muss nicht übereingestimmt haben mit der lokalen Religiosität und dies wiederum nicht mit dem, was als Staatsreligion vorgegeben war.

Wenn wir die religiöse Situation betrachten, wie sie sich in vorstaatlicher Zeit darstellt und grundsätzlich nicht sehr unterschieden gewesen sein dürfte von der Zeit, die wir mit Elia, Ahab und Isebel betrachten, so ergibt sich folgendes Bild: Während in deuteronomistischer Reflektion Jahwe *'als religiöses Befreiungssymbol besonders dem politischen Lebensbereich der Gesamtgesellschaft seinen unverwechselbaren Stempel aufdrückte'*[26], war davon die Frömmigkeit in der Familie weitgehend unbeeinflusst. Erst spät rückt Jahwe in die Rolle des Familiengottes ein. Wenn wir die Namensgebung in der israelitischen Familie betrachten, so haben wir in vorstaatlicher Zeit in der Mehrzahl Namen, die sich mit El, dem syrisch-kanaanäischen Hochgott, mit Saddaj und Sur, frühen nomadischen Familiengöttern, verbinden (Numeri, 1, 5-15). Im Richterbuch tauchen sogar Verbindungen mit Baal, dem kanaanäischen Hochgott (6,32) und der westsemitischen Kriegsgöttin Anat (3, 31; 5,6) auf. In der frühen Königszeit zieht Jahwe mit El gleich, erst in der späten Königszeit sind die Jahwe-Namen in der Überzahl. Es dauerte also 400 Jahre, bis Jahwe sich auch auf der Familienebene durchsetzte. Die familiäre Religiosität war viel offener als die Jahwe-Religion des Stammes, der Gruppe. In der Familie passte man sich der religiösen Umwelt an, wobei nationale oder religiöse Grenzen keine Rolle spielten. Deutlich lässt sich aber feststellen, dass in früher Zeit die Familiengötter zunächst mit El identifiziert wurden, der Gott des israelitischen Stämmeverbandes war, später dann vermischte sich El mit Jahwe, der ihn dann schließlich ablöste.

---

[25] vgl. Steinsalz, S. 253f.

[26] vgl. auch im Folgenden: Albertz, S. 144ff.

Auch Baal wurde in früher Zeit mit den Familiengöttern in eins gesetzt, später dann mit Jahwe identifiziert. Die Verehrung Baals[27] hielt sich im Süden bis in die frühe Königszeit, im Norden, also in dem Bereich, der für unser Thema wichtig ist, ist dies, wohl unter phönizischem Einfluss, auch noch später bezeugt.
Aber auch weibliche Gottheiten werden im Familienkult eine nicht unbedeutende Rolle gespielt haben, wie dies durch zahlreiche archäologische Funde aus dem ausgehenden 8. Jahrhundert belegt wird. In weiten Teilen des Mittleren Orients wird eine Himmelskönigin[28] verehrt. Sie verschmilzt mit Göttinnen, die in den verschiedenen Völkern verehrt werden wie der ostsemitischen Ischtar, der judäischen Aschera und der kanaanäischen Aschtarte. Der politische Einfluss der Assyrer, Kontakte zu Nachbarstaaten generell und die Durchlässigkeit der Kulte haben nachhaltig die Frömmigkeit in Israel verändert. Durch die Assyrer ist die Verehrung der Ischtar ins Land gekommen. Im Norden wie im Süden finden sich gegen Ende des 8. Jahrhunderts fast in der Hälfte aller Häuser (z.B. in Beerscheba) weibliche Pfeilerfigurinen[29]. Unterschiedliche Fundorte belegen, dass sie auf der Ebene des Familienkultes, ja auch des Lokalkultes eine große Rolle spielten. Die Darstellungen zeigen, dass bei ihnen der nährende Aspekt im Vordergrund steht, was aufgrund der immer weniger ausreichenden Ernährung im Lande durch die hohen Tributzahlungen an die Assyrer verständlich wird. Darüber hinaus waren sie für die Gesundheit und Sicherheit zuständig und als populäre, den Menschen zugewandte Nahgestalten eine bedeutende Konkurrenz für Jahwe, für den eine solche Nahgestalt fehlte[30].
Jeder israelitische Haushalt hatte Figuren weiblicher und männlicher Götter, oder wenigstens eine Kultnische, d. h. einen eigenen kultischen Mittelpunkt (Ex 21, 6). Die ganze vorexilische Zeit hindurch hat die israelitische Familie ein hohes Maß an kultischer Eigenständigkeit bewahrt. Hierzu gehörten Gottesbefragungen, in denen Jahwe, Baal von Ekron (2. Kön. 1), selbst Totengeister befragt wurden, kultische Feiern und Feste und verschiedene Opferarten.
Die differenzierte Betrachtungsweise, die im Blick auf die Familienfrömmigkeit angezeigt war, müssen wir nun auch auf die lokale Religiosität des Großgruppenverbandes übertragen. Schon der Name ´Israel´, das mit ´Gott herrscht´ oder ´El herrscht´ oder ´möge sich als Herrscher erweisen´ übersetzt werden kann, zeigt, dass dieser Name einer religionsgeschichtlichen Zeit angehört, in der noch nicht Jahwe, sondern El der Gott des Stämmeverbandes

[27] Bei Sauls Sohn erkennen wir noch die Verbindung des Hauses Saul zu Baal, denn in 1. Chr. 8, 33 und 9, 39 wird er Esch-Baal (= Mann des Baal) genannt. In 2. Sam. 2, 8 erscheint er unter dem Namen Isch-Boscheth. Der Baal-haltige Name war der Redaktion doch zu anstößig.
[28] deren Erkennungszeichen ein Sternen- bzw. Strahlenkranz um den Kopf und als Umhang ein himmelblauer Mantel war, vgl. auch in christlicher Ikonographie die Darstellung Mariens, vgl. Jost, S. 67.
[29] vgl. Jost, S. 46ff.
[30] vgl. ebenda, S. 48.

Israels war[31]. El war der Götterkönig an der Spitze des westsemitischen Pantheons. Später wurde er von Jahwe abgelöst. Jahwe war ein Einzelgott der südlichen Wüstenregion, der mit der Mosegruppe nach Schilo eingewandert war. Er war nicht in ein polytheistisches System eingebunden. Er hatte seine Gottheit gerade in der Befreiung aus staatlicher ägyptischer Unterdrückung erwiesen und sich einseitig und exklusiv an eine Gruppe der Unterschicht der Hebräer gebunden. Dies war einer Vielzahl von Menschen, die in ihrer Vergangenheit kulturelle und soziale Unterdrückung kennengelernt hatten, sympathischer als der Gott El, Repräsentant eines hierarchisch geordneten Götterpantheons. Von El erbte Jahwe auch Aschera, Göttin (1. Kön. 15,13; 2. Kön. 21, 7) und Gemahlin Els. Denn gerade in den lokalen Kulten, in denen es weniger um die große Politik als vielmehr um die Nöte des Alltags, also die Fruchtbarkeit der Frauen, des Ackers und des Viehs ging, bestand das Bedürfnis, Jahwe um ein weibliches Element zu ergänzen. Davon zeugen die Ergebnisse von Ausgrabungen[32] aus Kuntillet ´Ajrud, einer Karawanenstation im nördlichen Sinai aus dem 9. Jahrhundert und eine Grabinschrift in Hirbet el-Qom, 14 km westlich von Hebron, aus dem 8. Jahrhundert, auf denen von Jahwe und seiner Aschera gesprochen wird.

Dass Salomo südlich des Ölbergs, also schräg gegenüber vom Jerusalemer Tempel, ein Heiligtum für Aschtarte, der Hauptgöttin der Sidonier, deren Priester und Priesterinnen (bis ins 5. Jahrhundert bezeugt) der König bzw. die Mutter des Königs waren[33], daneben jeweils eines für Milkom, den Gott der Ammoniter, und für Kamosch, den Gott der Moabiter, einrichtete (vgl. 1. Kön. 11, 5.7.33), bestätigt die polytheistische Tendenz der Königszeit unter Salomo. Ob dies dem Einfluss der fremden Frauen Salomos oder eigener religiöser Intention entsprach, oder ob dies mit Salomos engen Handelsbeziehungen zu Tyrus oder der Festigung seines Großreiches zu tun hatte, mag dahingestellt bleiben. Jedenfalls haben alle diese Kulte bis in die späte Königszeit bestanden und wurden erst von Josia (2. Kön. 23,12) beendet[34]. Diese Religionspolitik setzte sich auch in der Folgezeit fort, als das Reich geteilt wurde. Ahab ließ in seiner Hauptstadt Samaria einen Baaltempel bauen (1. Kön. 16, 32). Darüber hinaus werden auch andere ehemalige Baalheiligtümer im Lande entweder wieder aufgewertet oder reaktiviert worden sein (1. Kön. 18). Es ist davon auszugehen, dass an diesen Heiligtümern nicht nur Isebel und ihre Priester und Propheten den Gottesdienst versahen, sondern dass sich in gleicher Weise auch die Bevölkerung zu diesen Heiligtümern gerufen sah, da sie innerhalb der Familie ja ohnehin einer Vielzahl von Göttern huldigten. Dem Baalheiligtum in Samaria kommt wegen der großen Anzahl der hier ansässigen Propheten (! 450, vgl. 1. Kön. 18, 19) besondere Bedeutung zu. Es verwundert, dass wir nichts

[31] vgl. im Folgenden: ebenda, S. 120ff.
[32] vgl. ebenda, S. 131.
[33] vgl. ebenda, S. 228, Anm. 4.
[34] vgl. ebenda, S. 228.

über ein entsprechendes Heiligtum für die Aschera hören, denn das ganze Umfeld, nicht nur das Isebels, sondern auch das Israels, weist, wie wir gesehen haben, auf eine nicht unbedeutende Verehrung hin. Brauchte sie keinen Tempel? Waren ihre Propheten ambulante, lediglich am Hofe der Isebel ansässige und beköstigte Gelegenheitsseher?
Ahab selbst wird persönlich am Bekenntnis zu Jahwe festgehalten haben, denn alle seine Kinder, von denen wir wissen, tragen Jahwe-haltige Namen (Ahasja - Jahwe hat helfend meine Hand ergriffen; Joram - Jahwe ist erhaben; Athalja - Jahwe hat seine Erhabenheit bekundet.) Interessanterweise ist es in früher Zeit zunächst nicht zu einer Verschmelzung von Baal und Jahwe gekommen, wie wir das bei El und Jahwe beobachten konnten. Lediglich bei den beiden Hauptgöttinnen Aschera und Aschtarte wird nicht mehr differenziert, hier wird zumindest in der deuteronomistischen Tradition[35] eine den Namen und die Funktionen der anderen übernommen haben und umgekehrt.

Elia und Isebel und die Frage, wer denn Gott in Israel sei

Die Frage, ob Elia auch historisch der Prophet gewesen ist, der sich mit aller Macht gegen die Politik des Königs, vor allem gegen seine Religionspolitik auflehnte, oder ob er in der Geschichte seines Volkes zunächst nur der Wundertäter war, der Tote auferweckte, und als Regenmacher bekannt wurde, soll hier noch nicht beantwortet werden. Auf alle Fälle finden wir ihn in biblischer Tradition und deuteronomistischen Interpretation als Propheten in der Nachfolge des Mose und als ersten wirklichen Kämpfer für den einen Gott Jahwe. Elias Anklagen gegen Ahab treffen den König an der Wurzel seiner Autorität, seiner Legitimation und seiner Macht: Ahab missachtet die Gebote Jahwes und verehrt den Baal (1. Kön. 18,18) und schadet damit dem ganzen Land und allen seinen Menschen; Ahab bricht das israelitische Bodenrecht (1.Kön. 21) und vergreift sich unberechtigt an menschlichem Leben.
Jedoch erscheint Ahab, wie oben schon erwähnt, in den biblischen Erzählungen, in denen er mit Elia zu tun hat, eher blass. Und Elia scheint unbeeindruckt von der Autorität des Königs, vor der zB. Obadja große Furcht hat (1. Kön. 18,8). Im Gespräch mit Ahab, der den Elia als Verursacher der Trockenheit beschuldigt, dreht Elia sofort den Spieß um und weist den König selbst auf die Anklagebank. Elia geht sogar soweit, dass er nicht nur in Gegenwart des Volkes, wie des Königs (1. Kön. 18, 21) die Religionspolitik Ahabs kritisiert und sie total verwirft, er lässt sogar in Anwesenheit des Königs über die Baals- und Ascherapropheten, die am Tische seiner Frau essen, den Bann vollstrecken. Es erweckt den Eindruck, Ahab sei in der Karmelerzählung ohnehin nur der autorisierte Gesandte seiner Frau. Denn nachdem die Geschichte auf dem Karmel ihr Ende gefunden hat, weiß Ahab nichts Eiligeres zu tun, als zuerst

[35] vgl. Jost, S. 170. Jost ergänzt hier neben Aschtarte, Aschera auch noch auf die Göttin Ischtar.

seiner Frau zu berichten, wie das Gottesurteil ausgegangen ist. Elia läuft wie ein Besessener vor ihm her, bahnt ihm den Weg. Aber bevor Elia Isebel begegnen könnte, verlässt er aus Furcht den König. Isebel steht als Drahtzieherin im Hintergrund, wartet auf die Berichterstattung ihres Mannes, denn schließlich repräsentierte sie den Gott, der auf dem Karmel eine herbe Niederlage einstecken musste.

Während Ahab, wie wir es auf dem Karmel gesehen haben, die Begegnung mit Elia sucht, kommunizieren Elia und Isebel nur über Dritte. Ahab erweckt in Elia keinerlei Furcht, für ihn stellt der König überhaupt keine Autorität dar. Doch wirft es den Elia in die größte Lebens- und Seelennot, als Isebel ihm mit dem Tode droht (1. Kön. 19,2), so dass er nicht nur nicht um sein Leben bangt, sondern aus eigenen Stücken seinem Leben ein Ende setzen möchte. Erst die Begegnung mit Jahwe selbst lässt ihn wieder den Weg zurückfinden und sich der Autorität der Königsgattin stellen. Dieser Autorität begegnet Elia nun in einer zweiten, der Rückkehr folgenden Episode, aber auch hier wiederum nur indirekt. Als Ahab um den Weinberg des Naboth (1. Kön. 21) trauert, den er sich nach geltendem Recht nicht aneignen kann, verschafft ihm Isebel den Weinberg. Sie interpretiert das Recht auf eigene Weise. So ist sie groß geworden ist. Lug und Trug, ja selbst Mord fürchtet sie nicht, wenn sie sich um das Wohlergehen ihres Mannes sorgt. Die Kritik des Elia trifft aber nun wiederum nicht die, die hinter dieser tückischen List steht, sondern den König, der sich eigentlich schon frustriert mit dem Nicht-Erreichen seines Zieles abgefunden hatte. Das abschließende Todesurteil des Propheten trifft beide: Ahab und seine Frau Isebel, wenn Elia es auch wieder lediglich dem König ausrichten kann, der es dann seiner Gattin weitersagen möchte, die sich auch in dieser Szene dezent im Hintergrund verbirgt.

Letztendlich stehen sich in allen Konflikten Elias mit dem Königshaus nicht Elia und Ahab, sondern Elia und Isebel gegenüber. Hierbei steht Elia für den einen Gott Jahwe, der sich in der Geschichte seines Volkes als der befreiende, der eifernde und eifersüchtige Gott erwiesen hat, der sich in gleicher Weise als Gott in der Geschichte, wie auch als Gott für die Geschichte offenbart hat. Aber er ist auch der Gott, der sich um die Not und das Leid des Einzelnen (1. Kön. 17,8ff) kümmert, um den Hunger, um die Gesundheit der Menschen, ja es ist sogar der Gott, der Regen schenkt (1. Kön. 18,41ff), Bereiche, die bisher nur dem Baal und seinem Götterpantheon zugeschrieben waren. Dabei ist er nicht nur der Gott der großen Naturereignisse, sondern der, der sich in einem leisen Hauch (1. Kön. 19,12) offenbart. Und Elia ist sein Prophet, so wie Mose.

Die, die uns die Geschichten des Elia interpretierend überliefert haben, legen auf diesen Zusammenhang den allergrößten Wert, damit in der Verkündigung die Botschaft deutlich wird: Gott ist der Herr, der Herr allein und neben ihm braucht es keine anderen Götter zu geben und darum gibt es neben ihm auch keine anderen Götter. Das wusste schon Mose, dafür kämpft Elia, daraus müssten die Menschen, die diese Geschichten lesen, ihre Folgerungen ziehen und sich allein zu Jahwe bekehren, damit ihr Schicksal gewendet wird. Denn wohin das Bekenntnis zu Baal und der Dienst für die Aschera führen, das hat das Volk nicht nur am eigenen Leibe spüren können, das steht auch nachzulesen in der Geschichte vom Schicksal der Isebel.

Elia und Isebel – Jahwe, Baal und die Göttinnen

Die Begegnung zwischen Elia und Isebel geschieht also, wie wir gesehen haben, in einem ganz entscheidenden Moment der Religionsgeschichte Israels. Zumindest versetzt die deuteronomistische Geschichtsschreibung und Interpretation die Frage: ‚Wer ist Gott in Israel?' in den Erzählkranz um Elia und Isebel. Die Geschichte vom Gottesurteil auf dem Karmel ist das einzige und gleichzeitig sehr spektakuläre Beispiel[36] eines Götterwettstreits, in dem Jahwe siegt. An den Propheten des Baal wird der Bann vollstreckt, die Propheten der Aschera, die während des ganzen Vergleichs zwar anwesend sind, aber aus welchen Gründen auch immer nicht aktiv werden, bleiben am Leben. Wenn auch für einige Zeit der Kult des Baal am Karmel zum Erliegen kommt, wissen wir aber, dass er sich weiterhin bis zur Reform des Josia (2. Kön. 23, 4) an anderen Orten, vor allem in den Großstädten großer Beliebtheit erfreute. Der Kult der Aschera bestand ebenfalls bis zur josianischen Reform ungehindert fort. Hier wurde sie als Nationalgöttin[37] entmachtet. Da ihr Kult sich aber zuvor ohnehin schon vom Tempel gelöst hatte und in der lokalen - und Familienfrömmigkeit weiterlebte, überstand er sogar die Zerstörung des Tempels in Jerusalem.

Es ist das Ergebnis der deuteronomistischen Geschichtsschreibung und ihrer Interpretation, - wer wollte es ihnen verdenken, denn die Deuteronomisten sind die Wegbereiter des Bekenntnisses zu dem einen und einzigen Gott Jahwe - , dass wir von Baal und seinem Kult relativ wenig wissen, dass zwischen den Göttinnen Aschera, Aschtarte, Ischtar, ja auch der Himmelsgöttin nur undeutlich unterschieden wird. Die Göttinnen finden nur seltenste Erwähnung, auch wenn von Aschtarte schon in 1. Samuel 31, 10 erzählt wird, also in einer Zeit, die das 10. und beginnenden 9. Jahrhunderts spiegelt. Die Verehrung der Göttin Aschera wird im frühesten Text bei Hosea (4, 12. 18 und 14.9) bezeugt. Über die Art und Weise der Ausübung ihrer Verehrung erfahren wir nur wenig. Dies darf aber nicht als ein Hinweis auf die Bedeutungslosigkeit der Göttinnen in Israel verstanden werden. Dafür gibt es inzwischen aus der Archäologie genügend Hinweise, die das Gegenteil verraten. Aber es verwundert insofern nicht, als die Texte, die uns hier überliefert sind, aus einer Zeit stammen, die sich dem alleinigen Bekenntnis zu Jahwe schon weiter angenähert hat, als das zur Zeit Elias und Isebels noch der Fall gewesen sein wird. Neben dem

[36] vgl. auch noch 2. Kön. 2, 1ff, Ahasja schickt zum Baal-Sebub von Ekron, um Auskunft über die Möglichkeit seiner Genesung zu erhalten.
[37] vgl. Jost, S. 62.

Bekenntnis zu Jahwe, dem Einen und Einzigen hatte kein anderes Bekenntnis mehr Platz, auch nicht mehr die bildhaften und figürlichen Darstellungen der Göttinnen.
Die Erinnerung an die Verehrung einer oder mehrerer Göttinnen neben Jahwe in allen Bereichen des Kultus wurde aber je länger je mehr so anstößig, dass man die Göttinnen ‚entgöttlichte' und sie zu sakralen Gegenständen (1. Kön. 14, 15)[38] verharmloste oder durch allgemeine Äußerungen (z. B. die Himmelskönigin, Jer. 7, 18[39]) die Verehrung einer weiblichen Gottheit unsichtbar zu machen versuchte.

Dies ist keine Besonderheit der deuteronomistischen Geschichtsschreibung. Ähnliches finden wir drei Jahrhunderte später beim Chronisten[40]. Auch in seinem Werk ist das Fehlen mehrerer relevanter Gottesnamen nicht das Ergebnis zufälligen Vergessens, sondern entspricht seiner monotheistischen Einstellung. Der Chronist pauschaliert, wenn er die Verehrung fremder Kulte beschreibt. Er entpersonalisiert die Göttin Aschera und definiert sie, indem er die Pluralform[41] des Wortes gebraucht, als ein Kultobjekt. Darüber hinaus versucht er bewusst, die Göttin zu eliminieren (2. Chr. 33, 7 par. 2. Kön. 21, 7). Dies gilt in gleicher Weise für die Aschera wie für die Aschtarte. Die Verehrung einer Göttin ist für den Chronisten, wie schon für die Deuteronomisten ein Tabuthema, aber in den Gedanken seiner möglichen Leser noch präsent.

Einige der Dinge, die man sich in der Verehrung der Göttinnen erhoffte, wurden in der späten Königszeit auf Jahwe, der nun auch der ‚Schöpfergott' wurde, übertragen. Die Hoffnungen auf materiellen Segen wie Kinder, Nahrung, Tiere, Ernteertrag und auf Frieden waren ursprünglich im Kult der weiblichen Gottheiten beheimatet. Jetzt wurden sie auf Jahwe übertragen. Davon gibt Jeremia 44, 15- 25 deutliches Zeugnis. Auch in Dtn. 28, 4 und Lev. 26, 3ff, wird deutlich, dass der Segen hier von der Göttin Aschtarte auf Jahwe übertragen wurde. Denn der in diesem Zusammenhang zitierte ´Zuwachs´ an Schafen wird im hebräischen Text als *‚ast^{e}rot so`n^{e}ka'* bezeichnet[42]. Der Gleichklang des Namens der Göttin Aschtarte und des Wortes *‚ast^{e}rot'* ist auffällig. Gen. 1, 27[43] aus dem priesterlichen Schöpfungsbericht, auf dem Hintergrund der Auseinandersetzung mit religiösen Vorstellungen in Babylonien entstanden, weist deutlich auf die Integration von Mann und Frau in die eine Gottheit hin.

---

[38] das Wort ´Ascherim´ wird als eine namenlose Kulthöhe verstanden und meist mit Mazzeben (1. Kön. 14, 23) genannt.
[39] der Hinweis auf Jeremia sei erlaubt, da man davon ausgehen kann, dass auch das Buch Jeremia deuteronomistisch überarbeitet wurde.
[40] vgl. im Folgenden: Frevel, Chronisten, S. 263ff . Das chronistische Geschichtswerk umfasst die beiden Chronikbücher und die Bücher Esra und Nehemia.
[41] siehe Anm. 26.
[42] vgl. Zimmerli, S. 57f.
[43] vgl. Jost, S. 240

Wenn in biblischer Tradition die Verehrung weiblicher Gottheiten zugunsten des Bekenntnisses zu dem einen und einzigen Gott weichen musste, ist dann nicht auch deutlich, dass die Aufgabe der Frauen im Kult zurücktreten, ja sogar negiert werden musste, dass also der Verurteilung der Verehrung von Göttinnen auch die Verurteilung der Funktionen der Frauen im Kult der Göttinnen folgen musste?

Dass Frauen eine besondere Rolle im Kult zum Beispiel der Himmelsgöttin gespielt haben, ist heute unbestritten (Jer. 7, 17.18; Jer. 44, 15ff.). Zweimal wird im Königebuch eine Verbindung hergestellt zwischen der Verehrung der Göttin Aschera auf nationaler Ebene und einer mächtigen Frau, nämlich der Maacha (1. Kön. 15,9), der Mutter des Königs Asa und der Königsgattin Isebel, die ebenfalls den Titel der ‚*g^{e}b̲irah*' trägt. Wenn Frauen als Priesterinnen genannt werden, was selten vorkommt, dann kommen sie aus der obersten Aristokratie. Dies unterstreicht die Annahme, dass Isebel priesterliche Funktionen im Kult des Baal wie auch in dem der Aschera innehatte. Mehr und mehr wird jedoch eine Abwertung der Frauen im Kult zu beobachten sein und dies hat auch nicht vor den Frauen halt gemacht, die aus dem Königshaus bzw. der Oberschicht kamen. Diese Tendenz[44] beginnt schon in sumerischer Zeit. Hier übernehmen Männer langsam die kultischen Aufgaben der Frauen. Begann dieser Rollentausch zunächst mithilfe eines Kleidertausches, indem Männer Frauenkleider anzogen, so haben schließlich Männer gänzlich die Rolle der Frau im Kult übernommen. Dies wahrscheinlich umso deutlicher, je stärker die Göttinnen aus dem Kult eliminiert wurden und sich die männliche Gottheit durchsetzte, die dann im Volk natürlich auch nur durch einen Mann repräsentiert werden konnte. Könnte nicht die Rebellion der Isebel, wie sie noch bis zu, ja gerade vor ihrem Tod zum Ausdruck kommt (2. Kön. 9) als Zeichen des Widerstandes der Frau gegen die männliche Vorherrschaft auch im Kult verstanden werden?

Elia und Isebel oder wie die Frauen verloren

Wir dürfen davon ausgehen, dass zur Zeit des Elia und der Isebel das Bekenntnis zu Jahwe nicht gleichzeitig das Bekenntnis zu Baal oder zur Aschera oder einer als Himmelskönigin beschriebenen Göttin ausschloss, sondern dass sie synkretistisch in familiären und lokalen Bereichen der Frömmigkeit, ja sogar im Staatskult miteinander verbunden waren. Dies gilt bis in die Zeit der Reform des Josia, ja über diese Zeit hinaus und überlebt sogar die Zerstörung der Tempel.

Erst in deuteronomistischer Interpretation der Katastrophe und des Exils nun wird dieser Synkretismus problematisiert und als alleinige Ursache des Untergangs gedeutet. Jahwe ist der eine und einzige Gott, der das Volk aus

[44] ebenda, S. 76.

Ägypten befreit, durch die Wüste und in das gelobte Land geführt hat. In den 10 Geboten hat er seinen Willen kundgetan. Und wenn das Volk immer ihn verehrt und nach diesen Geboten gelebt hätte, dann hätte es keine der Katastrophen gegeben. Unter diesem Blickwinkel beginnen die Deuteronomiker vor dem Exil und die Deuteronomisten während des Exils die Geschichte ihres Volkes zu überdenken und zu überarbeiten und stoßen dabei auf die Person des Elia, den Wundermann und Regenmacher, der zur Zeit des Königs Ahab lebte, und stilisieren ihn zum Kämpfer für Jahwe. Dabei ist sein Name Elijjahu (Elijjahu = Jahwe ist mein Gott) schon Programm für die ganze Bewegung[45]. Elia ist der wiedergekommene Mose, der Mose redivivus, der, dem sich Jahwe als Erstem offenbarte in all seiner geschichtlichen Einzigartigkeit der Befreiung. Darum finden wir Elia wie Mose in der Felsspalte am Horeb, die im Volksmund die Höhle des Mose genannt wird[46]. Elia und Mose sind die einzigen Menschen, denen Gott sich als Einzelwesen zuwendet. Auch die Zahl 40 ist typologische Zahl, die wir bei Mose finden, genauso wie das Motiv der Wüste und die Theophanie.

Warum Elia? Warum nicht zuvor Samuel, Nathan oder einer der großen Schriftpropheten der nachfolgenden Zeit? Weil Elia zur Zeit Ahabs lebte und Ahab die Isebel zur Frau hatte, die man verantwortlich machte für den Abfall von Jahwe und die Verehrung fremder Götter. Sicher wusste man auch von den Frauen Salomos und so manch anderer Königinmutter, dass sie fremde Götter, ja Göttinnen verehrten. Aber Isebel war, wie keine Königsgattin zuvor, eine ungemein starke Persönlichkeit, die in Israel einen sehr nachhaltigen Eindruck hinterlassen haben muss. Und das, obwohl sie eine Fremde war. Und so wie Elia zum Streiter für Jahwe, so wird Isebel zur Vertreterin des Abfalls von Jahwe, zur Baalsverehrerin schlechthin stilisiert. Und dass sie vielleicht Hohepriesterin des Baal war, dass sie darüber hinaus auch die Aschera verehrte, vielleicht auch für sie kultische Funktionen wahrnahm, das wurde großzügig, aber bewusst verschwiegen. Denn, was nicht sein darf, kann auch nicht sein. Aber all dies, was wir nur noch aus der Dunkelheit heraus erkennen können, prägte ihr Bild und machte sie zum Archetypus der schlechten Frau, die keine Moral kennt, zur Personifizierung des Bösen auf der Welt[47], vor der und deren Betätigung nachhaltig gewarnt werden muss. Und damit prägte sie in deuteronomistischer Geschichtsschreibung nachhaltig das Frauenbild des Alten Testaments. Vielleicht ist von hier her zu verstehen, dass sich nach Isebel die biblische Tradition nur noch auf die Männer konzentriert. Die Prophetin Hulda bildet hier eine Ausnahme, von der in 2. Kön. 22, 14ff berichtet wird. Jedoch erfahren wir von ihr wegen der deuteronomistischen Übermalung auch dieser Passagen nur sehr wenig. Als Prophetin wirkte sie zur Zeit des Jeremia und wie er auch in Jerusalem. Dass sie und nicht Jeremia im Auftrag des Königs Josia

[45] Vgl. Smend, S. 176f.
[46] vgl. Gradwohl, S. 167
[47] vgl. Steinsalz, S. 254.

befragt wurde, unterstreicht ihre Bedeutung. Das deuteronomistisch überarbeitete Prophetenbuch Jeremia selbst jedoch verschweigt ihre Existenz gänzlich. Dass es weiterhin Prophetinnen gegeben haben muss, wird in christlicher Tradition an der Person der Hanna deutlich (Lk. 2, 36ff), die wie Simeon bei der Darstellung Jesu im Tempel gegenwärtig ist.

Für mich legt sich jedoch im Blick auf Isebel der Schluss nahe und damit komme ich auch zu demselben: Die Königsgattin und spätere Königsmutter Isebel wird in deuteronomistischer Interpretation auf dem Hintergrund ihrer kultisch-priesterlichen Aufgaben im Rahmen der Baal- und Ascheraverehrung als Stilmittel benutzt, um die katastrophalen Folgen weiblich-kultischer Aufgaben insbesondere durch Mitglieder des Königshauses und die Verehrung von Göttern und Göttinnen, also des Abfalls von Gott, zu beschreiben. Dies kristallisiert sich an einer der stärksten Personen, die jemals in die Geschichte Israels eintraten, ja ihren Platz in derselben hatten, nämlich in der Person Isebels, der Frau des Königs Ahabs, der als erster König Israels in nichtbiblischer Geschichtsschreibung Erwähnung findet[48]. Mit Hilfe dieser Stilisierung erfolgt der warnend ausgesprochene, beziehungsweise unausgesprochene Hinweis, dass es Priesterinnen, ja Göttinnen in Israel nicht mehr geben darf, ja nie gegeben hat. Mit Elijjahu, dem Kämpfer für Jahwe siegt als theoretisches Dogma der Monotheismus, - es verliert die Göttin, - es verliert die Frau in ihrer Aufgabe im Kult und somit in der Gesellschaft. Von hier lässt sich eine Linie ziehen zum Juden Paulus und seiner Ansicht, die Frauen haben in der Gemeinde zu schweigen (1. Kor. 14, 34) und darüber hinaus zur hierarchischen Gestalt der Kirche, in der die Frauen im allgemeinen zwar singen, beten und diakonische Dienste verrichten dürfen, Ämter ihnen aber in weiten Teilen der Kirche verwehrt sind.

Benutzte Literatur:

Angerstorfer, Andreas, Aserah als „consort of Jahwe“ oder Asirtah?, Biblische Notizen, Bamberg, 17, 1982, S. 7ff.

Archäologisches Bibellexikon, Neuhausen, Stuttgart, 1991.

Baltzer, Klaus, Naboths Weinberg, Wort und Dienst 8, 1965, S. 73.

Braulik, Georg, Das Deuteronomium und die Geburt des Monotheismus, in: ders: Studien zur Theologie des Deuteronomiums, Stuttgart, 1988.

Brenner, Athalya, The Israelite woman. Social role and literary type in biblical narrations. Sheffield 1985. S. 20ff.

Eissfeld, Otto, „Bist du Elia, so bin ich Isebel“, Supplements to Vetus Testamentum XVI, 1967, S. 65ff.

Frevel, Christian, Ashera und der Ausschließlichkeitsanspruch JHWHs, Weinheim 1995.

48 Vgl. Albertz, S. 230, Anm. 14.

Ders., Die Elemination der Göttin aus dem Weltbild des Chronisten, in: ZAW 103/1991, S. 263ff.
Gradwohl, Roland, Bibelauslegung aus jüdischen Quellen, Band II, Stuttgart, 2. Auflage 1995.
Jost, Renate, Frauen, Männer und die Himmelskönigin, Gütersloh 1995.
Oeming, Manfred, Naboth, der Jesreeliter, in: ZAW 98, 1986, S. 361ff.
Seebass, Horst, Elia und Ahab auf dem Karmel, ZThK 70, 1973, S. 121ff.
Smend, Rudolf, Der biblische und der historische Elia, in: Zur ältesten Geschichte Israels, Gesammelte Studien 2. BevTh 100, München 1987
Soggin, Alberto J., Jezabel, oder die fremde Frau, Melanges bibliques et orientaux en l'honneur de M. Henri Cazelles, Alter Orient und Altes Testament 212, Kevelaer 1981, S. 453ff.
Steinsalz, Adin, Persönlichkeiten aus der Bibel, Basel, Zürich, 1996.
Welten, Peter, Naboths Weinberg, Evgl. Theologie 33, 1973, S. 18ff.
Würthwein, Ernst, Die Erzählung vom Gottesurteil auf dem Karmel, ZThK 59, 1962, S. 131ff.
Zimmerli, Walther, Grundriß der alttestamentlichen Theologie, Stuttgart, Berlin, Köln, Mainz, 3. Auflage.

Elia in jüdischer Tradition[49]

Die Hebräische Bibel (das ,Alte Testament) und die jüdische Tradition kennen viele bedeutende Frauen und Männer. Aber an die Größe und Bedeutung, vor allen Dingen an die Popularität des Propheten Elia reicht keiner heran. Dies ist bemerkenswert, da die biblischen Texte, die uns von Elia berichten (1. Könige 17 bis 19, 21 bis 2. Könige 2), dies kaum zu rechtfertigen scheinen. Sicher enthalten sie eine Reihe von Geschichten - sie könnten aber fast an einer Hand abgezählt werden -, die über seine Auseinandersetzung mit dem Königshaus, von der Hilfe, die er einer armen Witwe und ihrem Sohn gewährt, von seinen Zweifeln, seiner Gottesbegegnung und der Berufung seines Nachfolgers berichten. Aber insgesamt erweckt diese Erzählsammlung den Eindruck, eine kleine Episode im großen Lauf der Geschichte Israels gewesen zu sein. Überhaupt scheint die Person des Elia hinter seiner Tätigkeit zurückzutreten, so dass das wenig Biographische, das wir von ihm erfahren, zum Beispiel seinen Herkunftsort, der mit Thischbe in Gilead bezeichnet wird, historisch - geographisch überhaupt nicht zu verifizieren ist.

Historisch festzumachen ist Elia, wenn wir das versuchen wollten, lediglich in seinem vermeintlichen Gegenspieler, dem König Ahab, von dem wir auch außerbiblisch auf einer Monolithinschrift Kenntnis erhalten[50].

Ob er jedoch ein Zeitgenosse des Ahab war oder nachfolgende deutende Geschichtsschreibung ihn dazu machte, ob er überhaupt mit Ahab in Berührung kam oder nur ein Wundertäter war, der einen toten Jungen zum Leben erweckte (1. Kön. 17, 17ff), einer Witwe auf wundersame Weise Mehl und Öl vermehrte (1. Kön. 17, 8ff) und vielleicht eine lang anhaltende Dürreperiode zum Ende brachte, aber hier sind wir schon auf noch spekulativerem Boden, das soll hier nicht beantwortet werden.

Ich möchte aber zu beantworten suchen, was jüdische Tradition zu Elias Herkunft, Wirksamkeit, und seinen Aufgaben und seiner Bedeutung nach seinem von dieser Erde Hinweggenommenwerden (2. Kön. 2, 11) sagt. Hierbei werde ich neben biblischen Quellen auch insbesondere nachfolgende jüdische Überlieferungen zu Hilfe nehmen, wie sie sich in der Mischna, der ersten autoritativen Gesetzessammlung des nachbiblischen Judentums, im Talmud, der die Mischna samt des dazugehörigen Kommentars späterer Rabbinen enthält, und in der Midrasch, der wiederum nachfolgenden Bibelexegese, finden.

---

[49] Als Christ bin ich mir meiner Inkompetenz in dieser Frage durchaus bewusst. Aber ich versuche trotzdem, aus den mir vorliegenden Quellen dieses Thema zu bearbeiten. Dies kann aber darum nur ein Stückwerk sein. Wenn Elia kommen wird, wird er auch dieses Stückwerk zu einem Ganzen vollenden.

[50] Bei der großen Schlacht von Qarqar 853 soll er 2000 Streitwagen in einen Kampfverbund von 12 Königen eingebracht haben, der den Assyrerkönig Salmanassar III. besiegte. Vgl. dazu Albertz, S. 230.

Die Herkunft des Elia

In 1. Kön. 17, 1 tritt Elia unvermittelt auf. Er scheint allen, die von ihm hören, bekannt zu sein, so dass eine Vorstellung gar nicht nötig erscheint. Es wird gerade noch sein Herkunftsort genannt, die Landschaft, aus der er stammt, die in dem damals noch existierenden Nordreich zu suchen ist. Alle weiteren Daten seiner Herkunft bleiben im Dunkeln. Da die Schriftgelehrten jedoch immer bemüht waren, einzelne Teile der jüdischen Geschichte miteinander zu verbinden[51], so befleißigten sie sich auch, für Elia die geeignete Herkunft nachzuweisen, konnten sich aber, wie so oft, nicht auf eine Meinung festlegen. So erscheinen derer drei:
Die einen meinen, er käme aus dem Stamme Gad[52]. Dies wird unter anderem damit begründet, dass 1. Kön. 17, 1 Elias Herkunft aus Gilead beschreibt, das im Gebiet des Stammes Gad lag. Andere meinten, Elia käme aus dem Stamme Benjamin und stünde damit mit der Stammmutter Rahel in Verbindung. Sie stützen sich auf den Vers aus 1. Chr. 8, 27. Ein Midrasch erzählt dazu Folgendes:

Einst waren die Meinungen unserer Lehrer geteilt. Die einen sagten [er, Elia, sei] vom [Stamme] Gad, und die anderen sagten vom [Stamme] Benjamin. [Da] kam (Elia) und stellte sich ihnen vor. Er sagte ihnen: Unsere Lehrer! Was streitet ihr über mich, ich bin ein Abkömmling [der Stammmutter] Rahel,...[53].

Trotzdem hat sich auch dies nicht durchsetzen können, denn mehrere Schriftgelehrte meinten, Elia käme aus dem Stamme Levi und hieraus begründe sich sein Priestersein. Linien werden zu dem Hohenpriester Pinchas (Richter 20, 28) und zu Mose gezogen, die beide aus dem Stamme Levi kommen und mit denen Elia verglichen wird[54]. Auch der Hinweis, dass Elia, als er der Witwe von Zarepat Öl und Mehl vermehrte (1. Kön. 17, 13), den ersten Kuchen für sich erbat, solle sein Priestersein unterstreichen. An anderer Stelle hingegen wird die Frage, warum Elia zuerst gegessen habe, damit beantwortet, dass der kranke Junge der Witwe Sohn des Joseph und der Messias sei. Elia habe zuerst gegessen um zu demonstrieren: zuerst käme er, Elia, dann der Messias.
Den Gedanken von Elias Priestersein nimmt ein Lied auf, das noch heute an jedem Schabbathausgang gesungen wird und das in ein berühmtes kabbalistisches Werk *(‚rhz‘)* aufgenommen wurde. Es wird sogar eine Art

---

[51] siehe hier und vgl. im Folgenden: Levinsohn, S. 6ff.
[52] Hier sei an die 12 Stämme Israels erinnert, die in biblischer Tradition den Namen der 12 Söhne Jakobs entsprechen. Sie heißen Ruben, Simeon, Levi, Juda, Isaschar und Sebulon (Söhne von Lea); Joseph und Benjamin als Söhne mit Rahel; Dan und Naphtali als Söhne mit Bilha, der Magd Rahels; und schließlich Gad und Asser, Söhne mit Silpa, der Magd Leas.
[53] Ebenda, S. 8
[54] Den Vergleich mit Mose habe ich in meinem Aufsatz ‚Elia und Jesus‘ beschrieben, der unter dem Titel ‚Elia e Gesù` in SeFeR 79. Milano 1997 (S. 4) erschienen ist.

Präexistenz Elias und Nähe zu den Erzvätern vertreten. Hier wird auch darauf hingewiesen, dass der Gürtel, den der Prophet trug, aus dem Fell des Widders stammte, den Abraham anstelle des Isaak als Opfer für Gott darbrachte.
Zusammenfassend könnten wir sagen, dass die jüdische Überlieferung die Herkunft des Elia genauso verschleiert wie biblische Tradition sein Hinweggenommenwerden von der Erde.
Auf die Frage der Herkunft des Elia werde ich später noch einmal zurückkommen.

Elia in biblischer Tradition des ‚Alten Testaments'

In Ergänzung zu dem, was uns das Königebuch über den Wundertäter schreibt, erscheint Elia in deuteronomistischer Interpretation[55] als Vertreter ihrer Theologie schlechthin, der gegen sein Volk, ja sogar den König Ahab (besser sollte man sagen: gegen die Königin Isebel[56]) streitet und dem Recht und dem Alleinanspruch Jahwes gegen alle Versuche, andere Götter zu verehren, zum Siege verhilft. Hier erscheint schon der Name Elias wie ein Programm für sein Wirken: Elijahu bedeutet ‚Jahwe ist mein Gott'. Die Geschichte vom Gottesurteil auf dem Karmel (1. Kön. 18) gibt hierfür ein sehr eindrückliches Beispiel. Dass Elia dann (2. Kön 2) vor den Augen seines Nachfolgers Elisa von einem feurigen Wagen, gezogen von feurigen Rossen, von der Erde im Wetter gen Himmel fuhr, ist dann der Grund dafür, weshalb man überhaupt nach seinem Hinweggenommenwerden über sein Fortleben und seine weitere Wirksamkeit nachdachte. Das trug ihm im Volksglauben seine herausragende Rolle in der jeweiligen Gegenwart und in Zukunft ein. Diese Entwicklung geschah in einem Jahrhunderte währenden Prozess, in dem die Person und die Funktion des Propheten mehrere Wandlungen durchmachte. Ein erstes Zwischenergebnis, das jedoch Ausgangspunkt für eine Vielzahl von Vorstellungen wurde, stellen die letzten beiden Verse aus einem anonymen, Maleachi genannten Prophetenbuch aus dem Jahre 470[57] dar, in denen es in 3,

[55] Die Frage nach der Redaktionsgeschichte des Deuteronomistischen Geschichtswerkes wird heute in der Wissenschaft sehr unterschiedlich beantwortet (Eine gute Zusammenstellung findet sich bei Moenikes, Redaktionsgeschichte, siehe auch Preuß, Geschichtswerk) Die Deuteronomisten bzw. Deuteronomiker waren Männer unterschiedlicher Herkunft und Berufe, die in verschiedenen Zeiten (vor dem babylonischen Exil, im Exil) und an verschiedenen Orten lebten, die überlieferte Texte sammelten, so auch die des Elia, sie unter eigener Zielsetzung überarbeiteten, zusammenfassten, interpretierten, ergänzten und somit ein eigenes Werk schafften. Unterschieden wird eine Deuteronomistiche Grundschicht (DtrG=DtrH; H steht für Historiker) und zwei Bearbeitungen durch DtrP (P wie Prophetie) und DtrN (N wie Nomos, Gesetz). Vielleicht gab es auch mehrere DtrP, mehrere DtrN, vielleicht auch noch andere Bearbeitungen. DtrH könnte um 580, DtrP um 570, DtrN um 560 datiert werden (so Dietrich, vgl. Preuß, Geschichtswerk, S. 388, Anm. 115) Ob das DtrG erst mit dem 5. Buch Mose, dem sog. Deuteronomium, beginnt und weiterhin die Bücher Josua, Richter, Samuel, Könige umfasst, oder schon die Bücher Genesis bis Numeri deuteronomistisch bearbeitet wurden, ist in der Forschung umstritten. Zumal auch das Prophetenbuch Jeremia deuteronomistisch überarbeitet worden sein soll. Das Buch Deuteronomium selbst jedoch stellt das theologisches Programm der Dtr. dar, mit dessen Hilfe sie die Geschichte bis ins 5 Jahrhundert hinein reflektieren.
[56] vgl. hierzu meinen Aufsatz ‚Elia und Isebel'.
[57] vgl Gunneweg, S. 130

23f heißt: *‚Siehe, ich sende euch Elijah, den Propheten, bevor eintrifft der Tag des Ewigen, der große und furchtbare. Und er wird zurückführen das Herz der Väter zu den Kindern, und das Herz der Kinder zu ihren Vätern, dass ich nicht komme und schlage die Erde mit Bann.‘* Dieser Gedanke wird dann nach einer kurzen Reflektion über sein Wirken zur Zeit der Könige im Buch Jesus Sirach (48, 10f) aufgenommen, ein apokryphes Buch, das einem gewissen Jeschua‘ ben `El‘ azar ben Sira zugeschrieben wird und Anfang des 2. vorchristlichen Jahrhunderts (um 190) entstanden sein dürfte.

In der Literatur, die wir die Pseudoepigraphen nennen, die also in der Zeit zwischen der letzten Schrift des AT und der ersten Schrift des NT verfasst wurde, als Beispiele seien die VitProph, der aeth.Hen oder die ApcEl genannt, tritt der Gedanke an Elia stark zurück[58]. Wenn Elia erwähnt wird, dann in der Tradition des Maleachi als eigenständige Heilsgestalt. Der Gedanke, dass Elia als Vorläufer des Messias auftritt, ist dieser Literatur noch unbekannt.

Exkurs: Elia in biblischer Tradition des Neuen Testaments (NT)

Der Gedanke, dass Elia der Vorläufer des Messias sei, wird wohl erst im NT entwickelt, wohl auch um Zeitgeschichte als Heilsgeschichte in ihrem richtigen Ablauf erscheinen zu lassen. Im NT wird Elia 29mal erwähnt. Auf den Propheten, wie er einst lebte, verweist lediglich Lk. (4,25). Hier wird erwähnt, dass Elia nicht zu den vielen Witwen gesandt wurde, die in Israel Hunger litten, sondern zu einer Witwe außerhalb der Grenzen Israels, nämlich nach Sidon. Auch der Jakobusbrief erwähnt Elia in 5, 17f. Jakobus stellt das Gebet des Elia als beispielhaft dar. In Markus 15, 34f meinen die Zeugen der Kreuzigung Jesu, Jesus rufe kurz vor seinem Sterben Elia zu Hilfe, damit er ihm helfe - hier wird schon in Ansätzen deutlich, welche Aufgaben der Volksglaube dem Elia schon zur Zeit der Abfassung der Evangelien beimaß -, jedoch wird Jesus nach Markus den 22. Psalm gebetet haben: “ *Eloi, eloi, lema sabachtani*?” Markus (1, 2; 6, 15; 8, 28, 9, 4ff) und Johannes (1, 21.25) reihen Elia in die Heilsgeschichte Israels ein und diskutieren die Frage, ob Elia nun in der Person Johannes des Täufers (damit wäre er der Vorläufer des Messias) oder in der Person Jesu wieder erschienen wäre. Der Evangelist Johannes votiert eindeutig für den Täufer, bei Markus bleibt die Antwort offen. Markus (9,11) und Matthäus (17,11) erzählen von der Verklärung Jesu auf einem hohen Berg, bei der die Jünger Jesus, Mose und Elia, die auf wundersame Weise hinzutreten, drei Zelte bauen wollen. Aber eine Stimme aus dem Himmel macht unzweifelhaft deutlich, wem allein die Autorität gilt, indem sie sagt: *‚Dies ist mein lieber Sohn, ihm gilt meine Liebe, auf ihn sollt ihr hören.‘* (Mk. 9, 7 par). Auf dem Abstieg vom Berge nun verbietet Jesus den drei anwesenden Jüngern,

[58] Vgl. Öhler, S. 12ff.

vor seiner Auferstehung von dem eben Erlebten zu berichten. Dies verunsichert die Jünger und sie beginnen über die Auferstehung der Toten zu diskutieren, denn sie waren davon überzeugt, dass vor der Auferstehung doch erst Elia erscheinen müsse (V.11). Die Verbindung Elias mit der Auferstehung der Toten ist schon für die rabbinische Tradition bezeugt (Sota 9, 15)[59]. Hier wird man sich der Erweckung des Jungen der Witwe in Zarepat (1. Kön. 17, 17ff) erinnert haben.

Exkurs: Der Prophet Elia im Islam

Im Koran wird neben Abraham, Mose, Jesus und vielen anderen auch Elia erwähnt. So gibt es zwei sichere Angaben über Elias (Ilyas) in Sure 6, 86, dort heißt es:

Auch Zacharias, Johannes, Jesus und Elias, die Alle zu den Frommen gehören.

und in Sure 37, 123-132 lesen wir:

Auch Elias war einer unserer Gesandten. Er sagte zu seinem Volke: ‚Wollt ihr denn nicht Allah fürchten? Warum ruft ihr Baal an und vergesst den herrlichsten Schöpfer? Allah ist euer Herr und der Herr eurer Väter‘ Aber sie beschuldigten ihn des Betruges; deshalb fielen sie, mit Ausnahme der aufrichtigen Diener Allahs, der ewigen Strafe anheim. Ihm aber ließen wir noch bei der spätesten Nachwelt den Segen zurück: Friede kommt über Elias. So belohnen wir die Frommen.

Hierbei handelt es sich um Suren, die dem Propheten Mohammad in Mekka offenbart wurden. In der islamischen Sage ist Elia eine mystische Person, die sich zwischen Himmel und Erde befindet. Der Koran möchte, indem er alttestamentliche Gestalten aufnimmt, die israelitische Tradition nicht einfach wiederholen. Muhammad bedient sich ihrer und stellt sie in den Dienst eigener Interessen und Bedürfnisse. So auch den Propheten Elia, der im Verständnis des Korans zum Spiegelbild des Muhammad wird. So stimmen beide auch in der zentralen Thematik ihrer Verkündigung überein: Gott ist der eine und einzige.

Der Prophet Elia in Talmud und Midrasch

Voraussetzung für das Weiterleben Elias im Volksglauben war sein Hinweggenommenwerden[60] von dieser Erde, wie es uns in 2. Kön. 2, 1 berichtet wird. So zeitigte sein Weggang von der Erde keinen endgültigen Abbruch mit

[59] ebenda, S. 27

[60] es gibt nur drei biblische Personen, von denen ein Hinweggenommenwerden, bzw. eine Himmelfahrt berichtet wird. Henoch (Gen 5, 24), Elia und Jesus.

ihr, sondern die Möglichkeit, dass er weiterhin in und auf ihr erscheine, wann, wo und wie es ihm gefiele. Ein großer Teil dieser Vorstellungen wurden im ersten Jahrhundert nach der Zerstörung des Tempels durch Titus ausgestaltet.[61] In dieser Situation gründen die Haggadoth (Erzählungen, Geschichten) und die Midraschim über Elia, die nicht nur vom jenseitigen Eintreten Elias für Israel berichten, sondern auch von seinem konkreten Helfen, Trösten, Warnen in dieser Zeit der Not, in dieser Welt der Bedrängnis; denn nur eins habe Elia im Sinn: das Heil Israels.

Das Wirken des hinweggenommenen Elia in der Gegenwart[62]

1. Der gegenwärtige Aufenthaltsort Elias

Zunächst überlegten die Rabbinen[63], wo sich denn Elias gegenwärtiger Aufenthaltsort befinde, denn der Himmel gehöre Jahwe allein (Ps. 115, 16), und da könne Elia nun nicht eingedrungen sein. Ähnliches meinte auch der jüdische Geschichtsschreiber Flavius Josephus. So werden vier Vorschläge gemacht. Die einen wussten gar nicht weiter. Da er nicht gestorben[64] sei, würde er irgendwo weiter leben. Andere meinten, er lebe am Karmel, die bevorzugte Stätte seiner Tätigkeit. Dritte ließen sich von seiner Himmelfahrt nicht abbringen und begründeten dies mit der Sündlosigkeit des Elia, denn den Sündlosen stünde der Himmel offen. Die Vierten meinten schließlich, dass Elia ins Paradies eingegangen sei, wie Henoch, der Messias[65], Eliezer, der Hausvogt Abrahams, Hiram, der König von Tyrus, Ebed-Melek, Jabec, der Sohn des Patriarchen Jedhuda, Bithja, die Tochter des Pharao und Serach, die Tochter Aschers. Das Paradies ist in dieser Vorstellung ein Ort, der irgendwo versteckt auf der Erde liegt.

2. Das gegenwärtige Wirken des Elia in der jenseitigen Welt

In der jenseitigen Welt hat Elia nun die Aufgabe, als Schreiber des Himmels die Abstammung und die Taten der Menschen zu notieren. Hierzu gehören vor allem die ehelichen Verbindungen, über die Elia Buch führt, die Gott dann unterschreibt. Wenn einer durch das Eingehen einer illegitimen Ehe seine Familie schändet, bindet Elia ihn, damit Gott ihn geißeln kann. Hiermit hängt die Vorstellung zusammen, dass Elia in messianischer Zeit alle Sprösslinge

---

[61] vgl. Strack, S. 764. Interessanterweise beginnt auch in dieser Zeit die schriftliche Fixierung der kanonischen Evangelien, die sich, wie wir gesehen haben, auch intensiv mit Elia beschäftigt hat.

[62] nachfolgende Gliederung und Gedanken wurden, wenn nicht anders vermerkt aus Strack - Billerbeck übernommen, S. 765ff.

[63] zB R. Jose b. Chalaphta um die Mitte des 2. Jh.

[64] auch wenn 2. Kön. 2, 12 berichten, dass der Nachfolger Elisa zum Zeichen der Trauer seine Kleider in zwei Stücke zerriss, was auf den Tod des Elia hinweisen könnte.

[65] der Messias gilt nach dieser Tradition schon als bereits geboren, aber hätte sich schon wieder in das Paradies zurückgezogen (S. 766, Anm. 1).

illegitimer Ehen aus der israelitischen Volksgemeinschaft ausscheiden werde. Weiterhin dient Elia den entschlafenen Vätern Israels.
Dazu wird folgende Geschichte erzählt:

Normalerweise pflegt Elias sich in der Akademie Rabbis (gest. 217?) einzufinden. Eines Tages - es war der erste des Monats - verspätete er sich und kam nicht. Rabbi sprach zu ihm: Aus welchem Grunde hat sich der Herr verspätet? Er antwortete: Ich hatte gerade Abraham aufgerichtet und wusch ihm die Hände; dann betete er, und ich legte ihn wieder nieder (zum Schlummer); ebenso Isaak und Jakob. Er hätte sie ja miteinander (zu gleicher Zeit) aufrichten können! Man meint, sie würden (vereint) so gewaltig um Erbarmen (für Israel) flehen, dass sie den Messias herbeibringen würden, ehe seine (festgesetzte) Zeit gekommen.[66]

Elia führt die Seelen der vollendeten Frommen zur Seligkeit des Gan Eden ein. Jederzeit tritt er fürbittend und helfend für Israel ein. Auch belehrt er die unmündig verstorbenen Kinder, wie sie ihr Verdienst zugunsten ihrer gottlosen Väter vor Gott geltend machen können.

3. Elias gegenwärtiges Wirken in der diesseitigen Welt

Das Wirken Elias ist nicht nur auf das Jenseits beschränkt, sondern gerade in der diesseitigen Welt hat es große, ja sprichwörtliche Bedeutung, wenn es zB. heißt:

Weinen die Hunde (heulen sie klagend) dann kommt der Todesengel in die Stadt; lachen die Hunde, so kommt Elia in die Stadt. Das gilt aber nur in dem Fall, dass keine Hündin unter ihnen ist.[67]

Elia erscheint auf dieser Erde in verschiedener Gestalt: als Alter, als Reiter, als hoher Hofbeamter, als eine Hure, als Araber, als ein ganz normaler Mensch, wie ein feuriger Bär[68] oder sogar als ein Vogel fliegend, er erscheint bald hier, bald dort, überall, wo sein Eingreifen nötig ist. Er erscheint vornehmlich den Frommen und Gesetzestreuen. Interessanterweise erscheint Elia immer nur Männern, nie einer Frau[69]. Von einer Ausnahme berichtet eine einzige Haggada, in der er dem Ehepaar Aqiba erscheint. Aber die Erzählung legt Wert darauf, dass Elia bei der Begegnung an der Tür stehen blieb und nicht in die Nähe der Frau gekommen ist.

---

[66] Strack, S. 767.
[67] ebenda, S. 769.
[68] Levinsohn, S. 14.
[69] Der Grund liegt vielleicht in der in biblischer Tradition erzählten schwierigen Beziehung zur Frau des Königs Ahab Isebel. Elia ist Isebel nie begegnet. Während er sorglos mit König Ahab umging, hatte er große Furcht vor seiner Gattin.

Diese Geschichte soll auch als Beispiel dafür dienen, dass es Elias Aufgabe ist, den Frommen zu trösten. Die Haggada erzählt:

R. Aqiba (gest. um 135) verlobte sich mit der Tochter des Bar Kalba Schabua. Als dieser es erfuhr, versagte er ihr durch ein Gelübde den Genuss von seinem ganzen Vermögen (d. h. er enterbte seine Tochter). Sie aber ging und verheiratete sich mit ihm. Im Winter schlief er (samt seiner Frau) auf Stroh (infolge der Armut), und er sammelte ihr das Stroh aus ihrem Haar. Er sprach zu ihr: Wenn ich es dazu habe, lege ich dir ein goldenes Jerusalem an (ein Haarschmuck für Frauen, etwa ein Diadem, auf dem das Stadtbild Jerusalems eingraviert war). Es kam Elias in der Gestalt eines Mannes und rief an der Tür und sprach zu ihnen: Gebet mir etwas Stroh; denn meine Frau hat geboren, und ich habe nichts für ihr Lager. Da sprach Aqiba zu seinem Weibe: Siehe, da ist ein Mann, der nicht einmal Stroh hat. Raschi meint, Elia habe den Aqiba und seine Frau dadurch trösten wollen.[70]

Elia rettet aus Verlegenheit und Not und bringt Hilfe. Diesen Gedanke finden wir hinter dem oben schon erwähnten Missverständnis beim Ruf Jesu am Kreuz. Mt. 27, 47, 49 ist der älteste Beleg dafür, dass Elia einem Frommen in seiner Not zu Hilfe eile. Elia heilt Kranke und macht Arme reich:

Ein Frommer war einmal in seinem Vermögen heruntergekommen und seine Frau war auch fromm; schließlich wurde er Lohnarbeiter. Einmal pflügte er auf dem Felde. Es begegnete ihm Elias gesegneten Angedenkens in der Gestalt eines Arabers. Dieser sprach zu ihm: Es stehen dir sechs gute Jahre bevor; wann willst du sie haben, jetzt oder am Ende deiner Tage? Er antwortete ihm: Du bist ein Zauberer; ich aber habe nichts, was ich dir geben könnte, also scheide von mir in Frieden! So kehrte er dreimal zu ihm zurück. Das dritte Mal antwortete er ihm: Ich will gehen und es mit meiner Frau überlegen. Er ging zu seiner Frau und sprach zu ihr: Es ist einer zu mir gekommen und hat mich dreimal belästigt. Der hat zu mir gesagt: Sechs gute Jahre stehen dir bevor; wann willst du sie haben, jetzt oder am Ende deiner Tage? Er sprach zu ihr: Was sagt du nun dazu? Sie antwortet ihm: Geh, sage ihm: Gib sie jetzt! Darauf sagte er zu jenem: Geh, gib sie jetzt! Jener erwiderte ihm: Geh in dein Haus, und ehe du das Tor deines Hofes erreichen wirst, wirst du Segen im Hause ausgebreitet sehen. Es hatten seine Söhne dagesessen, um mit ihren Händen Erdstaub zu durchsuchen; dabei fanden sie Geld, von dem sie sechs Jahre leben konnten; und sie riefen ihre Mutter, und ehe er noch das Tor erreichte, lief ihm seine Frau entgegen und brachte ihm die frohe Botschaft. Sofort pries er Gott und sein Gemüt beruhigte sich. Was tat seine fromme Frau? Sie sprach zu ihrem Mann: Überall schon hat Gott den Faden der Huld über uns gezogen und

[70] Strack, S. 769f

uns Geld zum Unterhalt für sechs Jahre gegeben; wir wollen uns diese Jahre hindurch mit Liebeswerken befassen, vielleicht fügt Gott uns von dem Seinen hinzu. Und so tat sie. Bei allem, was sie täglich (an Liebeswerken) tat, sprach sie zu ihrem jüngsten Sohn: Schreibe alles auf, was wir (an Arme) geben! Und er tat so. Am Ende der sechs Jahre kam Elias gesegneten Angedenkens und sprach zu ihm: Schon naht die Stunde, da ich dir nehmen soll, was ich dir gegeben habe. Er erwiderte ihm: Als ich es empfing, habe ich es nur mit Vorwissen meiner Frau empfangen; wo ich es zurückgeben soll, will ich es auch nur mit Vorwissen meiner Frau zurückgeben. Er ging zu ihr und sprach zu ihr: Schon ist der Alte gekommen, um das Seine hinzunehmen. Sie sprach zu ihm: Geh, sage ihm: Wenn du Menschen gefunden hast, die zuverlässiger als wir sind, dann gib denen dein Anvertrautes (Depositum)! Und Gott sah ihre Worte und die Liebeswerke, die sie getan hatten und fügte ihnen Gutes zum Guten hinzu, um zu erfüllen, was geschrieben steht: Das Werk der Barmherzigkeit ist Friede.[71]

Elia stiftet Frieden zwischen den Eheleuten.

Es geschah einmal, dass R. Meir (um 150) saß und Vortrag hielt. Eine Frau (die den Vortrag angehört hatte) ging in ihr Haus; es war aber an einem Freitagabend. Sie fand ihre Lampe ausgelöscht. Ihr Mann sprach zu ihr: Wo bist du bis jetzt gewesen? Sie antwortete ihm: Ich habe den R. Meir gehört, wie er Vortrag hielt. Es war aber jener Mann ein Spötter. Er sprach zu ihr: Es soll mir das und das geschehen, du kommst mir nicht eher ins Haus, als bis du gehst und R. Meir in sein Gesicht spuckst! Sie ging aus seinem Hause fort. Da erschien Elia gesegneten Angedenkens dem R. Meir und sprach zum ihm: Siehe, um deinetwillen ist eine Frau aus ihrem Hause gegangen; und dann teilte ihm Elias mit, wie sich die Sache zugetragen hatte. Was tat R. Meir? Er ging und setzte sich in dem großen Lehrhaus (von Tiberias) nieder. Jene Frau kam (dorthin) um zu beten. Er sah sie und stellte sich, als wäre er krank an seinen Augen. Er sprach: Wer versteht ein Auge zu besprechen? Jene Frau sprach zu ihm: Ich will es besprechen. Dabei spukte sie in sein Gesicht. Er sprach zu ihr: Sage deinem Mann: Siehe, ich habe in das Angesicht des R. Meir gespuckt! Er sprach zu ihr: Geh, versöhne dich wieder mit deinem Mann. Da sieht man, wie groß die Kraft des Friedens ist. [72]

Elia debattiert mit Gelehrten in Lehrhäusern oder an einsamen Orten, studiert mit Studierenden und unterweist Unwissende. Er gibt Hinweise zu Fragen der Ernährung,

[71] ebenda, S. 772.
[72] ebenda, S. 772f

wie dem Rabbi Nathan (um 160), dem er riet: Iss ein Drittel, trink ein Drittel und lass ein Drittel (in deinem Magen) frei; wenn du dich ärgern wirst, wirst du auf deine Füllung kommen,[73]

und gibt Tipps zu rechtem Wohlverhalten. Er überwacht die Beschneidung und rügt und straft mit Wort und Tat. Er greift selbst zum Schwert, um an frechen Sündern Rache zu nehmen. Ebenso sehr ebnet er dem Wege, der sich dem Guten zuwendet. Er gibt Aufschluss über Gottes Tun und gewährt Einblicke in die Zukunft und die himmlische Welt. Wenn er aber den Schleier des Geheimnisses Gottes allzu sehr lüftet, dann erwarten ihn feurige Schläge vom Himmel.
Überall ist Elia der Beschützer und Schutzengel Israels. In dieser Funktion scheint er die Erzengel Michael und Gabriel verdrängt zu haben.[74] Er ist der Gegner des Todesengels. Und Elie Wiesel schreibt in seinem Buch ‚Von Gott gepackt':

Bevor der Messias kommt, muss Elia kommen und ihn ankündigen. In der Zwischenzeit tröstet und heilt er die Kranken. Er ermutigt die Mutlosen und widersteht den Feinden, um das Überleben der Juden zu sichern. Wir haben keinen besseren Anwalt im Himmel als Elia. Er kennt die Pein der Juden und spricht mit Gott darüber. Er ist Chronist der Leiden der Juden. Er registriert jedes einzelne tragische Ereignis, jedes Massaker, jedes Pogrom, jede Todesangst, jede Träne... Elia ist das Gedächtnis des jüdischen Volkes[75].

Das Wirken des wiederkehrenden Elia in der messianischen Zeit

Wir haben oben gesehen, dass sich ein Teil der Aufgaben des wiederkehrenden Elia auf Mal. 3 gründet, nach dem er als Friedensstifter zwischen Vätern und Söhnen agiert. Die LXX (Septuaginta) erweitert diesen Gedanken, so dass in ihr Elia als Friedensstifter der Menschen (Israeliten) überhaupt erscheint. Dies nahm nun Jesus Sirach (48,10) auf, auch das sahen wir oben. Jesus Sirach erweitert die Aufgabe Elias dahingehend, dass er die Stämme Israels wieder aufrichtet bzw. wiederherstellt, eine Aufgabe, die nach Jes. 49,6 dem Knecht Jahwes, dem Gottesknecht zukommt. Für Jesus Sirach ist also der wiederkehrende Elia eine messianische Persönlichkeit, deren sich Gott dereinst zur Erlösung seines Volkes Israel bedienen wird.[76]
Während die Pseudoepigraphen Elia fast ganz verschweigen und Engeln (zB. Hen. 10, 20ff) oder einem nicht namentlich weiter bestimmten Messias (siehe zB. 4. Esra, syr. Baruchapok.) die Erlösung des Gottesvolkes anvertrauen,

---

[73] ebenda, S. 775.
[74] Levinsohn, S. 17
[75] Wiesel, S. 62.
[76] Strack, S. 780

weisen die rabbinischen Gelehrten Elia eine Stellung zu, von der die frühere Zeit nichts gewusst hat. Hier wird Elia zum hervorragendsten Mitarbeiter des königlichen Messias Ben David und erklärten den wiederkehrenden Elias zum Hohenpriester der messianischen Endzeit. Wie der wiederkehrende Elia diese Aufgabe erfüllen wird, hängt nun wieder zusammen mit seiner Herkunft, über die wir oben schon nachdachten:
Als aus dem Stamme Gad kommend ist er vornehmlich der Wegbereiter Gottes, der Befreier Israels und der Vernichter der Weltvölker. Wenn Israel von seinen Bedrückern befreit ist, dann steht dem Kommen Gottes zum Endgericht nichts mehr im Weg.
Kommt er aus dem Stamme Benjamin, dann wird er als Vorläufer des Messias gefeiert. Diese Vorstellung hat, wie wir gesehen haben, große Resonanz in den neutestamentlichen Schriften gefunden. Auf die Frage, wie lange Zeit das Auftreten des Elia dem des Messias vorangehen werde, antworten die einen, dass Elia unmittelbar vor dem Tage Jahwes erscheinen werde, andere denken an drei Tage. Aber alle sind sich darin einig, dass er weder an einem Schabbath, noch an einem Rüsttag zu einem Schabbath oder Festtag erscheinen werde.
Kommt er jedoch aus dem Stamme Levi, dann kommt er als Hoherpriester der messianischen Endzeit.[77] In dieser Funktion stelle er die Reinheit der israelitischen Familien wieder her und reinige sein Volk von den illegitimen Familien, denn Gottes Sch^{e}khina (Gegenwart) wird nur auf Familien von legitimer Herkunft ruhen. Aber auch die Einheit und Reinheit der Lehre in ganz Israel wird er erneuern. Offene Fragen, die das Religionsgesetz, wie das Zivilrecht betreffen, wird Elia klären. Entscheidungen darüber werden bis zu seinem Kommen vertagt. Dieser Gedanke ist schon in 1. Makk. 4, 44ff, einer alttestamentlich apokryphen Schrift, angelegt. Hier wird eine entscheidbare Kultfrage offengelassen, bis ein Prophet auftreten würde, um über sie Bescheid zu geben. Jüdische Exegeten deuteten diesen Vers auf Elia, denn im Talmud sei es seine Aufgabe, strittige Gesetzesfragen zu lösen.[78]
In späteren Midraschim wird er als Engel des Bundes bezeichnet[79]. Als dieser hat er die Aufgabe bei jeder Beschneidung zugegen zu sein. So ist für ihn der sog. Stuhl des Elia, der ‚Kisse schel Elia hanawi', vorbereitet. Elia gilt überhaupt als Beschützer der Kinder und wird als Schutzgeist der Wöchnerinnen bezeichnet.

Elia in der jüdischen Liturgie

In der jüdischen Liturgie[80] wird Elia an fünf herausragenden Stellen erwähnt.

---

[77] Es könnte sein, dass die christliche Betonung des Hohenpriesteramtes Jesu mit dazu beigetragen hat, jene Frage auf jüdischer Seite zu entwickeln. (Strack, S. 789).
[78] Vgl. Zeller, S. 157.
[79] so Jüdisches Lexikon, Elia, S. 354f
[80] vgl. im Folgenden, wenn nicht anders erwähnt, ebenda, S. 355.

Das Ende des Tischgebets (Birkat ha-Mazot) formuliert in einem Bittspruch: ‚Der Barmherzige sende uns Elia, den Propheten gesegneten Andenkens, dass er uns die guten Botschaften verkünde, Heil und Trost.‘ Dieses Gebet wird mehrmals am Tage gesprochen und hält so die Erinnerung an den Propheten wach.

Während des Sederabends (gefeiert zu Beginn des Pessach) wird ein 5. Becher Wein, er heißt der Becher des Elia, eingeschenkt, aber nicht geleert. Seine ursprüngliche Bedeutung ist im Volksglauben so umgedeutet worden, dass er für den in der Verkleidung eines Fremden eintretenden Propheten bereitsteht. Darum wird auch während des Mahles die Türe offengelassen. Ursprünglich waren es wahrscheinlich nur 4 Becher[81], die während des Seder gefüllt und getrunken wurden. Über den 4. Becher wird der zweite Teil des Hallel gesprochen. Es handelt sich um die Psalmen 115, 1 bis 118, 26. Der letzte Vers formuliert: *‚Gesegnet, der da kommt im Namen des Ewigen!‘*. Dass man hierbei seit langer Zeit an Elia dachte, dürfte nach dem Vorgenannten unzweifelhaft sein. Dieser Konkretion wurde dann in späterer Zeit noch deutlicher Ausdruck verliehen[82], indem man einen 5. Becher, den Becher des Elia, den Vieren hinzustellte. Dieser erhält auf dem Seder-Tisch einen hervorragenden Platz als sichtbares und handfestes Symbol messianischer Hoffnung[83]. Dieser Teil der Sederliturgie fand im Verlauf der Zeit reichhaltige Ausgestaltung. So füllt in einer moderneren Liturgie der Vorbeter den Becher des Elia oder lässt ihn um den Tisch gehen, so dass jeder Teilnehmer etwas Wein aus seinem oder ihrem Glas dazu geben kann... um zu zeigen, dass alle Anwesenden zusammenarbeiten müssen, um die Erlösung herbeizuführen.[84]

Auf den Stuhl des Elia bei der Beschneidung wurde oben schon verwiesen.

In besonderen Dürrezeiten wird Elia angerufen. Für diese Gelegenheiten wird das 18-Bitten-Gebet durch eine entsprechende Bitte ergänzt, damit Gott wie damals Elia erhöre, als er um Wasser gefleht hatte.

Ein beeindruckendes Beispiel für die Popularität des Elia bis in unsere Tage ist ein hebräisches Lied (Mozaè Schabbat), das am Schabbath-Ausgang gesungen

---

[81] Das Symbol der Vier–Zahl ist in der Sederliturgie sehr wichtig, denn sie korrespondiert sowohl mit den 4 Fragen, die gestellt werden (vgl. Stemberger, S. 150), als auch mit dem vierfachen Ausdruck der Erlösung: ‚Ich will herausführen und herausreißen und erlösen und annehmen.‘ (vgl. Ex 6, 6f) , vgl. Strack, Exkurs, Das Passahmahl, S. 57

[82] Dies geht zurück auf Rabbi Tarfon, einen Mischnagelehrten, der damit den nationalen Charakter des Festes und die Hoffnung auf eine ganzheitliche Befreiung betonen wollte. Die vierfache Erlösung (s. o.) ergänzt er durch Ex 6, 8: ‚Und ich werde euch bringen in das Land, welches zu geben dem Abraham, dem Jizchak und Jaakob ich meine Hand aufgehoben habe; und das werde ich euch geben, als Besitz, Ich der Ewige!‘ Die Meinung Tarfons wurde von der rabb. Akademie in Jerusalem akzeptiert, nicht jedoch von der in Babylonien. Maimonides entschied sich in seinem Gesetzbuch für die 4 Becher. Yosef Caro, Autor des Werkes Schulchan Arukh schloss die Diskussion, in dem er sich für die 4 Becher entschied, nach denen nur noch Wasser getrunken werden dürfte, wer aber trotz allem noch das Verlangen nach einem Getränk hege, der solle einen 5. Becher trinken und dabei das ‚Große Hallel‘ anstimmen, meint er.. (vgl. Pavoncello, S. 401f)

[83] Friedland, S. 258.

[84] Friedland, S. 262.

wird. Der Refrain des Liedes lautet: *‚Elia der Prophet, Elia der Tischbite, Elia der Gileadite, bald möge er zu uns kommen mit dem Gesalbten, Davids Sohn.*‘[85]

Elia in der Kritik jüdischer Tradition[86]

Der Vollständigkeit halber muss ergänzt werden, dass die Schriftgelehrten den Propheten auch sehr kritisch betrachtet haben. Die Kritik machte sich an zwei Punkten fest.
Zum Einen habe Elia am Karmel auf einem Altar außerhalb Jerusalems geopfert und damit hätte er sich einen Verstoß gegen die Einheit des Opferaltars als zentrale Kultstätte zu Schulden kommen lassen.
Zum Anderen habe er durch seine Worte: *‚Geeifert hab‘ ich für den Ewigen, den Gott der Heerscharen, denn verlassen haben deinen Bund die Kinder Jisrael: deine Altäre haben sie niedergerissen, und deine Propheten haben sie mit dem Schwerte erschlagen...‘* (1. Kön. 19, 10, auch 14) das Volk bei Gott verleumdet und dieses Vorgehen hätte die dreijährige Dürre zur Folge gehabt.

Elia als Brücke, auf der Vergangenheit, Gegenwart und Zukunft zu einer Zeit werden

Welche Aufgabe erfüllt denn nun Elia in jüdischer Tradition? Mit dieser Frage komme ich zum Ende meiner Ausführungen. Dazu aber wende ich mich noch einmal zwei rabbinischen Überlieferungen zu.
Die eine erzählt, *dass Gott während der Schöpfung in einer kurzen Zeitspanne, als der 6. Tag bereits zu Ende war, der 7. jedoch noch nicht begonnen hatte, 10 Dinge erschuf: die Quelle der Miriam, das Manna (Ex. 16, 15), den Regenbogen (Gen 9, 13), die Schrifttafeln der 10 Gebote, die Lektüre und die Schrift der Gebote selbst (Ex 20), das Grab des Mose (Deut. 34), das Wort der Eselin an Bileam (Lev. 22) und auch die Grotte, bzw. die Höhle des Elia.* Das bedeutet, dass Gott schon bei der Schöpfung Elias gedachte, dass also Elia schon bei der Schöpfung mitgedacht war.
Eine zweite rabbinische Tradition erzählt *vom Raben, den Noah nach der Sintflut aussendet (Gen. 8, 7). Der Rabe ist ein Vogel, der nach dieser Tradition zu nichts nütze ist, auch für kein Opfer. Also muss der Rabe wieder in die Arche zurückkehren, weil er später noch einmal gebraucht wurde, nämlich um Elia am Bache Kerit Brot und Fleisch zu bringen (1. Kön. 17, 6).* Elia ist von Gott bei der Wiedergeburt der Menschheit, bei der zweiten Schöpfung der Menschheit nach der großen Katastrophe schon eingezeichnet.
Dies könnte heißen, dass der Prophet Elia wie kein anderer, und deshalb seine Bedeutung, Vergangenes, vielleicht sogar die Präexistenz, mit der Gegenwart - in welchem Leid, in welcher Freude, in welcher Drangsal, in welchem Glück sie

[85] Jüdisches Lexikon, S. 355.
[86] vgl. Levinsohn, s. 35ff

von den damals bzw. heute lebenden Menschen auch immer erfahren wird - und mit der Zukunft verbindet, in der er als Bote das Kommen Gottes ankünden wird. Elia ist präexistente, präsente, eschatologische, ja darum messianische Figur. Elia ist der Schlüssel, die Gegenwart mit Hilfe der Vergangenheit und der Zukunft zu erklären. In ihm verschmelzen gleichsam die Zeiten, weil sich letztendlich die Zeit Gottes nicht in Abläufe, in tempi unterscheiden lässt, sondern nur in eins gedacht werden kann. Die Einheit der Zeit stellt (transfiguriert) die Einheit Gottes dar. In Gott ist heute gestern, und morgen ist heute, weil Gott der Ewige ist, dessen Zeit keinen Anfang und kein Ende und darum keine Grenzen kennt. Gott: gestern, heute und in Ewigkeit. Und Elia ist sein Prophet, der für die Menschen die Zeiten wie durch eine Brücke miteinander verbindet und dadurch die Einheit und Einzigkeit Gottes sichtbar werden lässt.

Verwandte Literatur

Artikel ‚Elia', in Jüdisches Lexikon, begründet von Georg Herlitz und Dr. Bruno Kirchner, Nachdruck: Königsstein / Ts, 1982

Bottini, G. C. Una aggadah giudaica su Elia ripresa dai padri, LASBF 30, 1980, S. 167ff.

Der Koran. Das heilige Buch des Islam, übertragen von Ludwig Ullmann, München, 1959

Friedland, Eric L., Elija der Prophet möge bald mit dem Messias kommen. Messianismus in der Pesach-Haggada des fortschrittlichen Judentums, in: JBTh 8, 1993, S. 251ff.

Gunneweg; Antonius H. J., Geschichte Israels bis Bar Kochba, Stuttgart, Berlin, Köln, Mainz, 1972

Kellermann, Ulrich, Wer kann Sünden vergeben außer Elia?, in: Mommer, P. u. a. , (Hg.), Gottes Recht als Lebensraum, FS f. J. J. Boecker, Neukirchen-Vluyn, 1993, S. 165ff.

Levinsohn, Moses Wolf, Der Prophet Elia. Nach Talmudim- und Midraschimquellen, New York 1929.

Moenikes, Ansgar, Zur Redaktionsgeschichte des sogenannten Deuteronomistischen Geschichtswerkes, ZAW 104, 1992, S. 333ff.

Molin, Georg, Elijahu. Der Prophet und sein Weiterleben in den Hoffnungen des Judentums und der Christenheit, in: Judaica 8, 1952, S. 65ff.

Nützel, Johannes, N., Elija-und Elischa-Traditionen im Neuen Testament, in: BiKI 41, 1986, S. 160ff.

Öhler Markus, Elia im Neuen Testament, Berlin, New York, 1997.

Pavoncello, Nello, Il profeta Elia nella liturgia ebraica, in: Riv.Bibl.It XXXIX, 1981, S. 393ff.

Preuß, Horst Dietrich, Zum deuteronomistischen Geschichtswerk, in: ThR 58, 1993, S. 229ff u 341ff.

Strack, Hermann, L., Billerbeck, Paul, Kommentar zum Neuen Testament aus Talmud und Midrasch, IV. München 1928
Wiese, Elie, Von Gott gepackt, Freiburg, 1983
Zeller, Dieter, Elija und Elischa im Frühjudentum, in: BiKi 41, 1986, S. 154ff.

Wo ist Gott?

Die Inkarnation (Menschwerdung) Gottes auf Golgatha

Einleitende Gedanken zur Dogmengeschichte

Die Dogmengeschichte der ersten christlichen Jahrhunderte ist der Versuch der Kirche, zu einem eigenen Bekenntnis zu gelangen, das sie von der Religion des Judentums, aus der sie hervorgegangen ist, unterscheiden und das sie gleichzeitig von griechischer Philosophie und Mythologie abgrenzen sollte. Die Schwierigkeit hierbei lag darin, den Glauben an den einen Gott beizubehalten, jedoch das Bekenntnis zu Jesus, dem Christus, wie auch zum Heiligen Geist so mit der monotheistischen Idee zu verbinden, dass die Tradition der Mutterreligion im Wesentlichen beibehalten werden konnte.

Der Prozess der Dogmenentwicklung und die Entscheidungen waren charakterisiert durch sehr unterschiedliche Momente. Oft waren es theologische Gründe, die einen solchen Prozess in Gang brachten. Manchmal waren es jedoch weniger theologische Gründe, die Entscheidungen in Glaubensfragen zum Durchbruch verhalfen. Ich erinnere an das Gesetz von 380, in dem Kaiser Theodosius I. festlegte, dass das nicänische Christentum zur alleinigen Staatsreligion erhoben wurde und nur den Bekennern dieses Glaubens volles Bürgerrecht zukommen sollte.[87]

Die Entscheidung gegen den Patriarchen von Konstantinopel Nestorius in der christologischen Frage im Jahre 431 gelangen seinem Gegner Cyrill von Alexandrien und dessen Anhängern indes eher durch politische Intrigen und Bestechungen als durch theologische Überzeugungskraft. In diesem Streit wurde auch der Machtkampf zwischen den Schulen aus Alexandrien und der aus Antiochien ausgetragen. Erst das Konzil von Calcedon 451 brachte hier eine Einigung, die einen dritten Weg einschlug. Dieser verlief so, dass sowohl die Antiochener wie auch die Anhänger Cyrills die Einigungsformel unterschreiben konnten. Dieses Konzil war jedoch erst möglich, nachdem Theodosius II., der dem Monophysitismus[88] zuneigte, verstarb und an seiner Stelle seine Schwester Pulcheria die Macht übernahm.

Christliche Bekenntnisse und Dogmen entwickelten sich nicht immer homogen aus den Schriften des Alten und Neuen Testaments. Der Kernsatz des Bekenntnisses von Calcedon zum Beispiel, dass sich Christus in zwei Naturen kundgetan habe, nämlich in einer göttlichen und einer menschlichen, sein Wesen aber im gleichzeitigen Miteinander wie in der Unterscheidung besteht, kann weder aus allgemein biblischem Vokabular noch direkt aus neutestamentlicher Theologie gewonnen werden. Hier standen die

---

[87] Adam, A. Lehrbuch der Dogmengeschichte, Bd. 1., Gütersloh, 3. Auflage 1977, S. 240ff.

[88] Die Monophysiten (alexandrinische Schule) vertreten die Lehre, dass es in der Person Jesu nur eine Natur gegeben habe. Bei der Vereinigung des göttlichen Logos mit dem Menschen Jesus wurde die menschliche Natur von der göttlichen absorbiert. Von Papst Leo I. wurden sie als Irrlehrer bezeichnet. Besonders im Orient finden wir heute noch monophysitische Kirchen (syrische, koptische, äthiopische und armenische Kirche).

philosophisch ausgebildeten Begriffe ihrer Zeit, wie auch die aristotelisch-neuplatonische Logik Pate.
An dieser Stelle konnte nur ein Streiflicht auf die Dogmengeschichte geworfen werden. Aber diese wenigen Aussagen reichen, um zum Nachdenken Anlass zu geben. Die historisch-kritische Exegese half, alt- und neutestamentliche Schriften neu zu verstehen. Was würde geschehen, wenn entsprechende Untersuchungen der Dogmengeschichte der Alten Kirche, den oft schwierigen Entwicklungsprozess der Dogmen durchsichtiger zu machen? Oder sind Sie unantastbarer als die Schriften der Bibel selbst? Also, was wäre zu tun? Zunächst müssten die Ergebnisse heutiger Bibelexegese in die Hermeneutik der Dogmengeschichte einfließen. Polemik, Apologie, Antijudaismus müssten als solche erkannt und benannt werden. Es wäre auch wichtig zu fragen, welche theologischen, philosophischen, politischen, sozialen, geographischen und welche anderen Momente auf Entscheidungen Einfluss genommen haben. Die verschiedenen Ebenen und die Traditionen des dogmengeschichtlichen Prozesses und ihre Entscheidungen müssten heraus gearbeitet werden. Dies alles, um zu verdeutlichen, dass Dogmen das Ende eines langwierigen theologischen und philosophischen Entwicklungsprozesses darstellen, in den nicht nur biblische Aussagen eingeflossen sind. Eine solche historisch-kritische Hermeneutik könnte bedeuten, ein Dogma in seiner Bedeutung neu zu gewichten, es vielleicht zurückhaltender zur Interpretation biblischer Texte zu verwenden. Da wir die Ausbildung des biblischen Kanon sehr deutlich von der Formulierung der ersten christlichen Dogmen unterscheiden können, gilt hier uneingeschränkt: Nicht Zukünftiges macht Vergangenes verstehbar, sondern umgekehrt Vergangenes Zukünftiges, nicht Nachfolgendes Vorhergehendes, sondern Vorhergehendes Nachfolgendes.

Der Inkarnationsgedanke und das christologische Dogma von Calcedon

Dies soll nun an dem Beispiel der Inkarnation verdeutlicht werden:

Mit der Inkarnation verbindet sich die Vorstellung, dass ein göttliches Wesen in einen menschlichen Körper eingeht. Lange bevor wir den Gedanken der Inkarnation in christlicher Theologie finden, begegnet er uns in anderen, weitaus älteren Religionen.
Im Buddhismus hängt sie eng mit der Lehre der Seelenwanderung zusammen. So finden wir zum Beispiel in einer Sonderform des Buddhismus, im sog. Lamaismus, die Lehre, dass der Dalai-Lama eine Inkarnation Buddhas sei. Der Hinduismus lehrt, dass Gott in die Welt herabgestiegen sei. Krishna und Rama seien Inkarnationen des Gottes Vishnu. Der Islam erklärte den fatamidischen Kalifen al-Hakim (1017 n. Chr.) zur letzten Inkarnation des göttlichen Geistes.
In etwas anderem Sinn, aber auch von Inkarnation wird dort gesprochen, wo der König als Sohn der obersten Gottheit angesehen wird. Diesen Gedanken finden

wir im alten China, im Shintoismus Japans, zeitweilig in Babylon[89] , in Ägypten, und in Israel, wo der judäische König die Messiaswürde durch Adoption als Sohn Gottes empfängt (Ps 2,7)[90] .
Die Adoption als Sohn Gottes veränderte jedoch nicht den König in seinem Wesen oder seiner Natur, sondern beauftragte ihn, den Willen Gottes zum Wohle des Volkes zu tun, vor allem zum Wohle der Geschundenen und Notleidenden. Und diesem Auftrag gegenüber war der jeweilige König gehorsam oder nicht. Denn die geschichtliche Realität zeigte, dass Könige den Auftrag Gottes erfüllten und sich in den Dienst Gottes stellten, andere nicht. Nur so lassen sich aus dem Munde der Propheten die oft sehr kritischen, ja feindlichen Äußerungen gegen den jeweiligen König erklären. Eine veränderte Natur hätte der eigenen Entscheidung, dem freien Willen des Königs keinen Spielraum, keine Alternative gelassen.

Den Gedanken, dass Jesus von Gott als Sohn adoptiert wurde, finden wir beim Evangelisten Markus. In der Taufperikope (1, 9-13) erinnert Markus mit dem Zitat aus Psalm 2, 7 an das alte Ritual der Königsinthronisation. Jedoch wurden Vertreter dieser Lehre seit Irenäus als Ketzer verworfen.

Der christliche Inkarnationsgedanke stützt sich vornehmlich auf johanneische Theologie. Johannes spricht zu Beginn seines Evangeliums davon, dass der ‚*logos*' ‚*sarx*', das ‚Wort' ‚Fleisch' geworden sei, wobei Fleisch zumeist die ganze menschliche Wirklichkeit umgreift. Das Wort ‚logos' begegnet uns im Johannesevangelium lediglich in seinem Prolog (Joh. 1, 1-18). Dies legt die Annahme nahe, dass es sich bei diesem Prolog um einen vorjohanneischen Hymnus handelt, den der Evangelist übernahm, weil er ihm als ausgezeichnete Ouvertüre zu seinem Evangelium diente. In den Johannesbriefen (1. Joh. 4, 3; 2, Joh. 7) wird der Logosgedanke aufgenommen. Die religionsgeschichtlichen Wurzeln des Logosgedankens finden wir zum einen in der spätjüdischen Weisheitsliteratur, in der die Schöpfungsrolle und Heilsbedeutung der Weisheit[91] (Hiob 28, 12-28; Baruch 3, 37-4, 4, Spr. 3, 19 u. a.), wie auch ihre rätselhafte Ablehnung durch die Menschen, auch durch Israel (Spr. 1, 24-33; aeth. Henoch 42, 1ff) beschrieben werden. Zum anderen ist der Logos eine aus der hellenistischen Popularphilosophie bekannte Größe und spiegelt mit seinen stoischen und platonischen Wurzeln den spätantiken Synkretismus in allen seinen Farben wider. Eine terminologische Nähe finden wir zur Logoslehre des

---

[89] Vor allem zur Zeit der 3. Dynastie von Ur (um 2000) durch die Identifikation mit Vegetationsgöttern wie Tammuz.

[90] ‚Es gilt also im Alten Testament, „dass der König nicht von Natur ‚Sohn Gottes' war, auch nicht durch seine Thronbesteigung naturnotwendig in die Sphäre der Göttlichkeit eintrat, sondern durch eine Willensentscheidung des Gottes Israels beim Antritt seines Königsamtes zum Sohn erklärt wurde.' Kraus, Hans-Joachim, Psalmen, Neukirchen-Vluyn, Band 1, 5. Auflage 1978, S. 152.

[91] Die Weisheit hat als eine geistige Bewegung ihre Quelle im alten Orient, wird dann in griechischer und hellenistischer Philosophie aufgenommen und verändert, um dann, wieder in den Orient zurückgekehrt, die Weisheitsdichtung in der nachexilischen Zeit Israels theologisch neu zu interpretieren.

Philo von Alexandrien[92] bei dem der Logos als Schöpfungsmittler auch göttliche Prädikate hat.

Die johanneischen Gedanken zum Logos versuchen, wie die der späteren Apologeten (Justin, Tertullian, Origines u. a.), in erster Linie, verschiedene Spielarten des Doketismus[93] abzuwehren, haben dann aber, losgelöst von ihrem apologetischen Charakter, die christologische Bekenntnisentwicklung so stark beeinflusst, dass sie als grundlegend für die Bildung des heutigen Inkarnationsgedankens angesehen werden können. Ich kann an dieser Stelle nicht den ganzen, sehr schwierigen Verlauf der weiteren theologischen Bewusstseinsbildung hin zum christologischen Dogma von Calcedon nachzeichnen. Aber einige Stationen seien doch benannt:
Anknüpfend an den Johannesprolog versuchten die Apologeten mit Hilfe des Inkarnationsgedankens, die Heilsbedeutung Christi begreiflich zu machen, ohne die Einheit des transzendenten Gottes zu gefährden. Die Schwierigkeit bestand darin, Gott, den Logos und Christus miteinander in Verbindung zu bringen (so noch bei Dionysius von Alexandrien, 190/200-264/65). Es gelang, Christus mit dem Logos Gottes, zu identifizieren, mit dem Wort Gottes, durch den Gott sein Schweigen bricht. Gleichzeitig ist der Logos und somit Christus das kosmisches Vernunftprinzip und auch der Präexistente. Für Irenäus (seit 177/178 Bischof in Lyon) ist Jesus Christus, der Logos, Mensch geworden, damit wir würden, was er ist. Darum musste er wahrhaft Mensch und wahrhaft Gott sein. Irenäus verbindet seine stark apologetisch zu verstehende Logoschristologie mit einer ebenso stark betonten Inkarnationstheologie. Es war Tertullian (geb. um 160 in Karthago), der als erster die Einheit von Vater und Sohn als eine Einheit der Substanz vertrat, der eine Verschiedenheit der Personen gegenüberstand.
Mit der Autorität des Kaiser Konstantins wurde auf dem Konzil von Nicäa 325 beschlossen, dass der Sohn wahrer Gott und mit dem Vater wesenseins sei und von Gott gezeugt wurde. Damit wurde dem Arius widersprochen, der die reine Menschlichkeit und somit Geschöpflichkeit und die zeitliche und nicht göttliche Zeugung des Sohnes behauptete. Athanasius seit 328 Bischof von Alexandrien spricht von der Einheit des Vaters und des Sohnes ihrem Wesen nach, von ihrer Verschiedenheit aber, was deren Personen anbelangt. Um gnostischen Tendenzen zu wehren, die eine Trennung zwischen dem Göttlichen im Erlöser von seiner irdischen Gestalt behaupteten, tendierte man in der Folgezeit immer stärker dahin, dass Gott (bzw. der Logos) in Christus mit dem Fleisch, ja mit dem Menschen Jesus wahrhaft eins geworden sei. Von hier führt ein direkter, aber keineswegs homogener Weg zu den oben genannten Beschlüssen des

[92] Philo (13 vChr bis 45/50 nChr) versucht, seinen heidnischen Zeitgenossen die Kenntnis des Judentums zu vermitteln und zu beweisen, dass der Inhalt des Pentateuch sich mit der heidnischen Religionsphilosophie und vor allem mit der Vernunft vereinbaren lässt. Mit Hilfe des Logosgedankens meint Philo, die Diastase von Gott und Welt überbrücken zu können.

[93] Die verschiedenen Formen des Doketismus versuchten, die Menschlichkeit Jesu nur als eine ‚Scheinbare' zu deuten, so dass Jesus auch nur zum Schein gelitten habe und gestorben sei.

Konzils von Calcedon. Oft standen theologische Meinungen im Gegensatz zueinander und eine Mehrheit, die auch die politische Macht besaß, exkommunizierte die unterlegene Minderheit.
Im Folgenden seien zumindest die wichtigsten Namen der an diesem Prozess Beteiligten genannt: Clemens von Alexandrien (gest. vor 215), Origines (185-254), Lucian von Antiochien, Athanasius (295-373), Basilius von Cäsarea (329-379), Gregor von Nazianz (329/30-390/91) und Gregor von Nyssa (330-395). Die Namen Nestorius und Cyrill wurden oben schon erwähnt.

Jesus von Nazareth und die Inkarnation

In all dieser Zeit blieb der Inkarnationsgedanke die wichtigste Umschreibung des Geheimnisses der Menschwerdung Gottes und damit ein zentraler Begriff christlicher Theologie, der er bis heute ist. Die philosophische Klärung dieses schwierigen theologisch komplexen Vorgangs, dessen christlich-theologischen Beginn wir im Johannesprolog finden, wurde auf die anderen Evangelisten übertragen, so dass sich der Inkarnationsgedanke auch des Bildes bedienen konnte, das Lukas uns in den ersten beiden Kapiteln seines Evangeliums schildert. So sind Inkarnation natürlich auch mit Maria[94], aber dann auch mit Bethlehem als Ort der Menschwerdung Gottes verbunden. Und Bethlehem setzt als Geburtsort Jesu damit auch einen zeitlichen Anfangspunkt der Inkarnation Gottes in diese Welt. Eine Frage stellt sich aber schon hier: gibt es einen zeitlichen Endpunkt der Inkarnation? Was böte sich an? Das Geschehen auf Golgatha? Die Auferstehung am Ostermorgen, die Himmelfahrt? Erübrigt sich diese Frage mit der Heimkehr des Sohnes zum Vater?
Ich möchte eine Frage anschließen, die vielleicht viel wichtiger ist, als die eben gestellten. War sich Jesus von Nazareth dieses seines göttlichen Wesens, dieser seiner göttlichen Natur bewusst, oder ist es in der Tat erst die gedankliche Fortentwicklung verschiedener sich langsam entwickelnder Überlegungen, die Besonderheit Jesu zu definieren, also weniger eine biblische Aussage als eine dogmatische Festsetzung?

Skizzen zum Gottesbild Jesu

Um diese Frage zu klären, versuche ich mit ein paar Strichen, das Gottesbild Jesu nachzuzeichnen. Es dürfte wohl keinen Zweifel daran geben, dass Jesus sich Zeit seines Lebens als Mensch fühlte, als Mensch in Gemeinschaft mit anderen Menschen lebte, mit seiner Familie, mit seinen Freunden und darüber hinaus mit allen, die ihm begegneten. Er wusste sich auf einzigartige Weise solidarisch mit den Menschen, insbesondere mit denen, die in Not waren, die ihm in ihrer Not begegneten, derer Fragen er sich annahm und versuchte, sich

[94] An der Frage, ob Maria als Gottesmutter bezeichnet werden konnte, entzündete sich für Nestorius von Konstantinopel die Frage nach der göttlichen Eigenschaft des Logos.

ihren Fragen zu stellen und ihr Leben positiv zu verändern. Die Heilungsgeschichten und viele andere Wunder sind hierfür ein beredtes Zeichen. Hier fühlte er sich berufen, hier lag sein Auftrag, hier diente er den Menschen. Und in diesem Dienst, der einzig und allein den Willen Gottes in Wort und Tat verkündete, war er ‚Sohn Gottes‘, realisierte er das Ideal des Königs Israels. In dieser Ausrichtung seines Lebens beantworten sich ohne Zweifel die Fragen sowohl des Johannes: *‚Bist du, der da kommen soll, oder sollen wir auf einen anderen warten?‘* (Mt. 11, 3, Lk. 7, 19) wie auch die Frage des Pilatus: *‚Bist du der Juden König?‘* (Joh. 18, 33). Dieses Bewusstsein Jesu ist aber nur im Gegenüber zu Gott zu verstehen, das Distanz und Nähe zugleich bedeutete. Gott war für ihn der Gott seiner Väter und seiner Mütter, der Gott seines Volkes, das er aus Ägypten befreit hatte, es war sein Vater, sein Vater im Himmel. Auf ihn verwies er, von ihm sprach er, sein Reich verkündete er, zu ihm betete er, ja, zu ihm schrie er auch in seiner Not. Immer steht er im Dialog mit ihm, den er seinen Vater nennt.[95] (Joh. 11, 41f; Mt. 6, 9ff; Mt. 26,39, Lk. 23.46)

Inkarnation und die Frage nach der Vollmacht des Sohnes

Darum stellt sich im Blick auf den Zusammenhang, den ich bis hierher erörtert habe, die Frage, ob Jesus als Gottes Sohn, bzw. ob Jesus als Mensch und Gott zugleich, in eigener Vollmacht handelte oder aus der Vollmacht des Vaters, Gottes heraus. Wenn Vater und Sohn in der Person verschieden, im Wesen, in der Natur jedoch eins wären, hätte der Sohn einer anderen Vollmacht bedurft, die ihm sein eignes göttliches Wesen, seine eigene göttliche Natur ja ohnehin mit auf den Weg gegeben hätte? Wie aber wäre dann das Gebet Jesu, das Gespräch Jesu mit seinem Vater zu verstehen, wenn der Inkarnationsgedanke, das Eins-Sein, das Menschgewordensein des Logos, Gottes selbst, als ein permanentes, seit der Geburt in Bethlehem bestehendes, ja vielleicht schon durch die Zeugung bewirktes Einssein, schon Grundlage jesuanischer, dann auch neutestamentlicher Reflektion gewesen wäre und nicht erst ein Ergebnis theologisch-philosophischer Überlegungen der nachfolgenden Jahrhunderte?

Inkarnation und die Frage nach Gottes Freiheit

Eine andere Frage, die mit dieser in engstem Zusammenhang steht, ist die, die sich aus der Perspektive Gottes stellt. Ist der Inkarnationsgedanke auch aus der

[95] Interessanterweise spricht Jesus im Matthäusevangelium von ‚eurem‘ Vater oder ‚meinem‘ Vater, wobei in der zweiten Hälfte die Bezeichnung ‚mein‘ Vater überwiegt. Im Johannesevangelium spricht Jesus vom Vater entweder ohne Possessivpronomen oder spricht von ‚meinem‘ Vater. Im Johannesevangelium sind nach den Worten Jesu Vater und Sohn schon eine sehr intensive Symbiose eingegangen. Jesus sagt: ‚Ich und der Vater sind eins.‘ (Joh. 10.,30) oder an anderer Stellen: ‚Der Vater ist in mir und ich in ihm.‘ (10.38; 14, 10.11.20, 17.21). Trotzdem scheint diese ‚Einheit‘ auch eine Einheit in Distanz zu sein, eine Einheit, die ein Gespräch, einen Dialog zwischen Sohn und Vater, ja auch zwischen Vater und Sohn erlaubt (Joh. 12,28).

Sicht Gottes, vor allem aus der Sicht des uns aus dem Alten Testament überkommenen Gottesbildes ein nachzuvollziehender Gedanke. Ist es denkbar, dass Gott sich an einen Menschen so bindet, wie es uns die Inkarnationstheologie und mit ihr die christologischen Dogmen glauben machen wollen? Sicher finden wir auch im Alten Testament die Hinweise dafür, dass der Geist Gottes auf Menschen ruhte. In der Geschichte von der Salbung Davids zum König lesen wir, dass der Geist des Herrn über David kam von dem Tag seiner Salbung durch Samuel an und bei ihm blieb. Der darauffolgende Vers ergänzt, dass der Geist des Herrn aber von Saul wich. (1. Sam. 16, 13f). Aber gerade das Wenige, das wir von der Biografie des biblischen David kennen, zeigt, dass der Geist Gottes nicht in der Lage ist, den freien Willen Davids einzuschränken. Er scheint lediglich die Treue Gottes zu garantieren. Hier ist auch an die Erwählung Israels als Gottes erstgeborener Sohn (Ex 4, 22ff) zu erinnern. Im ersten Gottesknechtslied (Jes. 42, 1) lesen wir: *'siehe, das ist mein Knecht – ich halte ihn – und mein Auserwählter, an dem meine Seele Wohlgefallen hat. Ich habe ihm meinen Geist gegeben; er wird das Recht unter die Heiden bringen'*. Hier finden wir nicht nur eine theologische Nähe zu Psalm 2, 7, sondern auch die Verbindung zur Taufe Jesu, wie sie uns Markus (1, 9-13) beschreibt.
Ich denke, gerade im Blick auf das zuvor gesagte, bezeichnet der Begriff der Erwählung den alttestamentlich-theologischen Zusammenhang, der sich dann in den Zeiten der Dogmenentwicklung im Blick auf Jesus zur Inkarnationstheologie entwickelte. Die Erwählung beschreibt die Beauftragung, die In-Dienst-Nahme, und gleichzeitig Nähe und Distanz, ohne dass Gott sich im Erwählten derart bindet, dass Gott seine Freiheit verlöre. Was aber nicht und zu keiner Zeit bedeutet hätte, dass der Erwählte die Treue Gottes, seine Fürsorge und Solidarität verloren hätte. Im Gegenteil: die Erwählung Israels ist und bleibt der einzigartige Ausdruck der unveränderten und unverlierbaren Treue Gottes zu seinem Volk.
Aber es gibt noch ein anderes Wort, dass wir in der hebräischen Bibel finden, dass uns möglicherweise die dogmengeschichtliche Inkarnationstheologie zu verstehen hilft. Es ist der Begriff der ‚Schechina'. Dieser Begriff bezeichnet das Wohnen Gottes unter den Menschen (Ex. 25, 8; Num. 5, 3, Deut. 12,5, Jes. 8, 18. 57.15, Sach. 2, 14). Er beschreibt die Immanenz des transzendenten Gottes[96], das In-der-Welt-Sein Gottes, seine Hinwendung zum Menschen, seine Gegenwart, seine Präsenz, sein Dasein. Und die Gegenwart, die Schechina Gottes, band sich nicht an ein Heiligtum, an das Bundeszelt, an den Zion oder den Tempel. In rabbinischer Literatur finden wir den Gedanken, dass Gott in der Gemeinschaft des Volkes Israel wohne. Und seine Gegenwart beschränkte sich nicht nur auf das Heilige Land. Seine Herrlichkeit war sogar im Exil gegenwärtig. Und ist es darum nicht auch denkbar, dass Gottes Herrlichkeit

[96] Vgl. auch im Folgenden: Küng, Hans, Das Judentum, München, Zürich, 2. Auflage 1991, S. 467.

nicht in einem Tempel, sondern in einem einzelnen Menschen gegenwärtig ist, in einem Menschen ,Wohnung' findet? Und das konnte geschehen, dort, im Volk Israel, wie hier, bei Jesus von Nazareth, ohne dass Gott seine Göttlichkeit aufgeteilt hätte. Und hier wie da könnte die Schechina der Herrlichkeit Gottes gerade in ihrer Dynamik zu verstehen sein, die gleichzeitig unendliche Nähe, wie auch vorsichtige Distanz beinhaltet, damit Gott vom Wesen her in seiner Zuwendung frei bleibt, gleichzeitig aber der Treue ist und bleibt, nämlich der Treue, der sich in Freiheit an den ihm Treuen bindet.

Das Sterben Jesu und die Inkarnation

Ich möchte das zuvor Gesagte nun mit einem Text aus dem Neuen Testament konfrontieren, der über die Jahrhunderte hinweg immer wieder zum Nachdenken Anlass gab: Es ist die Szene vom Tode Jesu auf Golgatha, wie sie uns Markus (15, 34) und Matthäus (27, 46) überliefern. Fast gleichlautend berichten sie uns von den letzten Worten Jesu[97]: ,*Um die neunte Stunde aber schrie Jesus laut auf: „Eli, Eli, lama sabachthani? (das heißt: Mein Gott, mein Gott, warum hast du mich verlassen?)"*.' Wie ist dieses Wort Jesu zu verstehen? Ist es Ausdruck seines Gefühls der totalen Gottverlassenheit? Wie würde sich dieses Gefühl der Gottverlassenheit vertragen mit dem Inkarnationsgedanken, mit dem christologischen Dogma der Zwei-Naturen-Lehre Jesu, nach der er wahrer Mensch und wahrer Gott wäre, nach dem Bekenntnis von Calcedon und seiner Formulierung, dass diese seine beiden Naturen in ihrem Wesen in gleicher Weise zusammen wie auch getrennt voneinander zu verstehen seien. Wie wäre das Schweigen Gottes angesichts des Leidens des Sohnes zu verstehen? Wäre nicht hier der Ort, gerade angesichts der Abgründigkeit menschlicher Bosheit, die Jesus ans Kreuz brachten, dass Gott Wort ergreift und sein Schweigen bricht? Hilft der Gedanke des inkarnierten, des Mensch gewordenen Logos dann nicht mehr, wenn es nicht mehr um philosophische Betrachtungen, sondern um konkrete menschliche Realität, und hier die Wirklichkeit des Leidens geht?

Die Gottverlassenheit auf Golgatha

Ich möchte repräsentativ für die unzähligen Kommentare zu dieser Stelle den von Ernst Lohmeyer[98] zusammenfassend darstellen, um die exegetische Tradition zu erhellen, in der wir heute noch stehen:

,*Das letzte Wort Jesu ist ein Psalmwort: Der leidende Fromme betet im Angesicht seiner Feinde und Verächter zu Gott. Mit geheiligten Worten klagt Er also Seine Gottverlassenheit. Man darf von ihrer Strenge kaum etwas abdingen;*

---

[97] Matthäus wohl in der ursprünglicheren hebräischen, und nicht wie Markus in aramäischen, Version
[98] Lohmeyer, Ernst, Das Evangelium des Markus, Göttingen, 17. Auflage, 1967, S. 345f.

das Wort spricht von einer unergründlichen Verzweiflung, auch und gerade an Gott. Im Augenblick des Todes zerbricht auch dieser Halt,... und leer ist die Welt von Gott. ... und wenn es mit Worten von Ps 22, 2 geschieht, so empfängt dieses betonte ‚Mein' nur umso tieferen Sinn und größere Kraft. Und dieser Sinn liegt darin, daß Jesus alle die Leiden erduldete und erdulden mußte, die der Beter des ATs prophetisch verkündete. Sein Leiden am Kreuz, Seine Verzweiflung in diesem Wort ist gerade darum eschatologische Erfüllung; indem sich Ihm jetzt Gottes Herz verschließt, ist es Ihm erschlossen.. Beides ist die bis ins innerste Leben gezogene Folgerung aus dem Satze, der über der ganzen Geschichte des Leidens steht: „Des Menschen Sohn wird übergeben in die Hände der Sünder." „Muß der Menschensohn leiden"., so muß Er auch die völlige Gottverlassenheit erleiden; und sie ist alsdann der unmißverständliche Ausdruck seiner göttlichen Art und Bestimmung. So offenbart sich denn auch hier das Geheimnis des Menschensohnes; weil Er es ist, deshalb ist Er hier im Augenblicke des widergöttlichen Todes nichts Anderes als unergründlich bis zur völligen Verzweiflung angefochtene, zitternde und zerschlagene Kreatur und ist eben deshalb der eschatologische Überwinder des Todes und aller widergöttlicher Mächte.'

Der Ruf Jesu nach Gott verhallt im Leeren. So beschreiben die Exegeten die Gottverlassenheit der Welt, ja es ist der dem leidenden Frommen vorgezeichnete Weg, dass er das Leiden und Sterben und den Tod bis in die tiefsten Tiefen der Nichtmehrexistenz, der Annullierung des Lebens und somit der Gottverlassenheit erleben muss. Nur so könne er als die neue Kreatur zum Sieger über Tod und gottfeindlichen Mächten reifen. Das Schweigen Gottes in der Welt wurde auf Golgatha zum Kontrapunkt menschlicher Aktionen.
Es scheint, als hätte man in der Exegese dieser Stelle den Inkarnationsgedanken fast ganz fallen gelassen, denn er lässt sich schwerlich mit dem Gedanken der totalen Gottverlassenheit harmonisieren.

Warum Gott Mensch geworden ist?

Nur entfernt klingt im Kommentar von Lohmeyer eine andere theologische Tradition durch, die sich im christologischen Bewusstsein und in christlicher Versöhnungslehre über die Scholastik, die Reformation und ihre Orthodoxie bis in unsere Tage hinein gehalten hat. Sie ist mit dem Gedanken verbunden, dass der Tod Jesu als Opfer für die Sünden der Menschen zu verstehen sei. Und dass dieser Opfertod für Jesus von vornherein vorgezeichnet war und Jesus ihn von Anfang an bewusst gegangen sei. Diesen Gedanken, streng mit der Inkarnation verbunden, formulierte Anselm von Canterbury (1033/44-1109) in seinem Traktat ‚Cur Deus homo'[99], das zu den bedeutungsvollsten Arbeiten der ganzen

[99] vgl. im Folgenden: Weber, Otto, Grundlagen der Dogmatik, Göttingen, 5. Auflage 1977, Bd. 2, S. 237ff.

Kirchengeschichte gehört: Der Menschen Sünde greift die Ehre Gottes an. Die Sünde ist nicht nur das Abweichen von Gottes dem Menschen vorgezeichneten Weg, sondern ist das Verfehlen Gottes selbst. Darum, wenn Anselm von Versöhnung spricht, spricht er weniger von der Versöhnung des Menschen Gott gegenüber, sondern fragt, wie Gott dem Menschen gegenüber wieder zu seinem Recht kommt, wie die Ehre Gottes, durch des Menschen Sünde angetastet, wieder hergestellt wird. Um die Ehre Gottes wieder herzustellen, muss Genugtuung geleistet werden. Diese ,satisfactio' müsste eigentlich der Mensch erbringen. Dies kann er aber nicht. Denn all das, was der Mensch zu tun in der Lage ist, ist ohnehin nur seine Pflicht und Schuldigkeit. Darüber hinaus hat er keine Möglichkeit. So kann allein Gott selbst diese Genugtuung erlangen. Dies aber wieder nur durch Gott als Mensch. Und darum musste Gott Mensch werden. Und der Tod des Sohnes Gottes schafft nun das Verdienst, das Gott vergelten muss. Und da der Sohn selbst dieses Verdienstes nicht bedarf, kann Gott es der Gemeinde, der ,familia Dei', zuwenden.

Die Inkarnation Gottes auf Golgatha

Die beiden eben genannten Beispiele bezeichnen in etwa die Pole, die in heutiger Hermeneutik das Geschehen auf Golgatha umschreiben. Während der exegetische Kommentar zur konkreten Stelle bei Markus auf die Gottverlassenheit Jesu hinweist, umschreibt die theologische Deutung des Todes durch Anselm von Canterbury eine noch heute im wesentlichen gültige Versöhnungstheologie, die den Tod Jesu, den Tod des Sohnes Gottes, als Opfertod deklariert[100]. Beide Traditionen[101] jedoch lassen sich schwerlich direkt auf die Konzilsbeschlüsse von Calcedon zurückführen. Das bedeutet aber, dass die theologischen Aussagen der Bibel trotz dogmatischer Formulierungen der nachfolgenden Jahrhunderte Fortschreibungen gefunden haben, die sich nicht sklavisch an Konzilsbeschlüsse hielten und trotzdem große Bedeutung errungen haben.

Trotzdem erscheint mir die Frage nach dem Schweigen Gottes auf Golgatha bisher nicht ausreichend beantwortet. Sicher, Anselm beschäftigt sich in seinem Traktat nicht mit Jesu vermeintlicher Gottverlassenheit auf Golgatha. Ihm geht

[100] Der Gedanke des Opfertodes Jesu durchzieht die theologische Tradition von Anfang an bis in unsere Tage. Dies ist nicht nur in theologischer Literatur zu erkennen, sondern auch im Erleben der gottesdienstlichen Liturgie. Denn in diesem Gedanken findet die römisch-katholische Messfeier ihr Wesen.
Die Frage, die sich aber im Blick auf das Verständnis des Kreuzestodes Jesu als Opfer stellt, ist die, ob wir wirklich heute noch sagen dürfen und können, dass Gott den Tod eines Menschen als Opfer wollte, um sich selbst Sühne zu schaffen, oder ob wir nicht den Tod Jesu als das begreifen sollten, was er nach Meinung der neutestamentlichen Schriftsteller war, nämlich die Tat von Menschen, deren Streben einzig und allein dahin ging, einen ihnen unbequemen, konsequent den Willen Gottes lebenden und verkündenden Mitmenschen aus dem Wege zu räumen, weil er ihr Denken durcheinanderbrachte, weil dadurch ihre Macht und Autorität untergraben war. Vgl. hierzu Küng, Hans. a. a. O., S. 469ff.

[101] Vgl. hier den Abschnitt ,Die Zwei-Naturen-Lehre und das Leiden Christi' in Moltmann, Jürgen, Der gekreuzigte Gott, München, 3.Auflage 1976, S. 214ff.

es um die Genugtuung für die von den Menschen in den Schmutz gezogenen Ehre Gottes und den Nutzen, den die Kirche davon hat. So ist Inkarnation bei Anselm in erster Linie Selbstzweck Gottes und ist nur motiviert durch den dann erfolgenden Opfertod am Kreuz. Es fällt mir schwer, für das uns von Anselm suggerierte Gottesbild stichhaltige biblische Hinweise zu finden.
Auch die Ansicht der totalen Gottverlassenheit des Sterbenden am Kreuz hält der Suche nach biblischen Parallelen weniger stand. Sicher werden wir hier sofort auf den Psalm 22 verwiesen, aus dem das letzte Wort Jesu entstammt. Aber finden wir nicht auch gerade in diesem und ihm verwandten Psalmen die subjektiv empfundene ‚Gottverlassenheit' unmittelbar konfrontiert mit dem aus der religiösen Erfahrung der Mütter und Väter entstandenen Bewusstsein der beständigen Treue Gottes und der Heilswirksamkeit Gottes in Israel, die dem Volk, aber auch dem Einzelnen in ihm gilt?

Aber warum findet Jesus keine Antwort auf seinen verzweifelten Ruf? Warum entzieht sich Gott gerade in der größten Not dem Leidenden? Warum verhallt der Ruf nach Hilfe in der Unendlichkeit?

Weil Gott dem Leidenden nicht mehr ein Gegenüber war. Weil Gott dem Leidenden sich als Gegenüber entzog, um mit ihm, dem Leidenden, eins zu werden. Weil Gott Wohnung nahm im Leidenden, weil die Solidarität mit dem um Gottes Willen Leidenden ihn zu einem mit-leidenden Gott machte, und damit auf Golgatha ein Wesenszug Gottes offenbar wurde, nämlich der seiner Sympathie für den geschundenen, für den Not leidenden Menschen, der nicht aus selbstverschuldeten Gründen leidet, sondern um der Gerechtigkeit halber, um der Gerechtigkeit Gottes Recht zu verschaffen. Die Antwort auf die Solidarisierung Jesu mit Gott, mit der Torah Gottes, ist die Solidarisierung Gottes mit Jesus, die Zeit des Lebens Jesu im Gespräch zwischen beiden bestand, in der Frage Jesu und der Antwort Gottes, in der Bitte Jesu und der Erhörung durch Gott, im Lob Jesu und in der Treue Gottes ihm gegenüber. Nur als der Tod Jesu unausweichlich wurde, im Leiden Jesu, wusste Gott, dass der Leidende nun nicht mehr ein Gegenüber brauchte, sondern seine ganze Solidarität, die die Nähe in Distanz zu seinem Sohn, in eine unendliche, unbegreifliche und somit distanzlose Nähe verwandeln musste. So bekam die Immanenz des transzendenten Gottes eine neue Qualität. Gottes Schechina wurde eins mit dem leidenden Menschen auf Golgatha. Gottes Hinwendung zu dem Gekreuzigten, seine Gegenwart im Gekreuzigten vereinte, für den Sohn unbemerkt, den Vater mit ihm und darum konnte, weil für den Sohn unbemerkt, der Ruf des Sohnes nur im Leeren widerhallen, denn aus dem Gegenüber war ein Eins-Sein geworden.
Dieses Eins-Sein Gottes mit Jesus am Kreuz, diese Inkarnation Gottes auf Golgatha unterscheidet sich von dem Inkarnationsgedanken, den wir oben in seiner theologiegeschichtlichen Entwicklung nachgezeichnet sehen. Es geht

hierbei nicht um die philosophisch-theologische Verbindung des Logos Gottes mit einem Menschen, dem Menschen Jesus von Nazareth, es geht nicht um den Versuch, die Göttlichkeit des Sohnes zu bekennen, aber gleichzeitig den Glauben an den einen Gott zu bewahren. Es geht also nicht um eine dogmatische Festlegung, die einer biblischen Überprüfung nicht standhielte. Es geht vielmehr um die Frage, wie Gott sich zu einem Menschen verhält, der auf die Erwählung Gottes hörend ihn im und durch sein Leben gehorsam dient.
Und wie kann Gott auf geeignetere Weise auf diese Herausforderung antworten, als sich gerade im Leiden an diesen Menschen zu binden, für ihn Partei zu ergreifen, sich ihm solidarisch zu erweisen. Die Inkarnation Gottes am Kreuz unterstreicht die Dynamik Gottes in seinem Willen, gleichzeitig frei zu sein in seiner Entscheidung und sich in einer neuen Situation, zu neuer Gelegenheit zu binden, hier an den auf Golgatha Leidenden. Darum ist sie eine situative aus der Situation entspringende, Menschwerdung Gottes, und gleichzeitig eine qualitative und konkrete und damit wahrhaftige, weil sie die unverbindliche Abstraktion philosophischer Vorstellungen verlässt, und der Situation des um das Recht Gottes willen, leidenden Menschen gerecht wird und ihr eine neue Qualität gibt.
Inkarnation in diesem Sinne verstanden verändert jedoch nicht das Wesen des Leidenden, nicht seine Natur, so dass plötzlich nicht mehr der Mensch litte, sondern Gott selbst, dass nicht mehr der Gekreuzigte stürbe, sondern Gott. Der Gedanke des leidenden und sterbenden Gottes spiegelt sowohl die konsequent gedachte Opfertheologie, wie auch mystische Vorstellungen verschiedener Kulturen wieder.
Inkarnation in obigem Sinne verstanden wäre die ausschließliche Parteinahme Gottes für den am Kreuz leidenden Jesus, wäre seine konsequente Solidarität mit dem Geschundenen und Verratenen, für den, der Zeit seines Lebens versuchte, nichts anderes als den Willen Gottes in die Tat umzusetzen. Weil Gott dem seine beständige Treue erweist, der ihm gehorsam ist, antwortet der treue Gehorsam des Vaters auf den dienenden Gehorsam des Sohnes.
Aber Gottes Parteinahme, seine Solidarität, sein Gehorsam konnte dem Willen des Menschen, der den Sohn ans Kreuz brachte, keinen Einhalt gebieten. Die Macht Gottes konnte sich erst am Ostermorgen neu entfalten, indem er, der Leben gibt, dem von Menschen Gerichteten, neues Leben schenkt. Der Vernichtung der Menschen setzt Gott seine Kreativität entgegen.

Für den von mir propagierten situativen Inkarnationsgedanken, der das Leiden des Gerechten wahrnimmt und sich mit ihm solidarisiert, finde ich nun zahlreiche Hinweise in den Schriften des Alten Testaments. Gerade die Beschreibung vom Wesen Gottes, die sich zwar innerhalb der verschiedenen alttestamentlichen Schriften verändert, im großen und ganzen des alttestamentlichen Bekenntnisses aber gleichbleibt, lässt mich ihn auf die Inkarnation Gottes auf Golgatha hin formulieren. In ihm finde ich den

Gedanken des Geistes Gottes, der auf einem Menschen ruht, die Erwählung Gottes und die Beauftragung zum Dienst, ja die Hinwendung der Herrlichkeit Gottes, die Schechina, aufgehoben. Die Solidarität Gottes mit seinem Volk, das er einmal erwählt hat, und dem darum immer seine Treue gilt, stellt ihn in der leidvollen Erfahrung in Ägypten und dann beim Auszug an seine Seite. Im Exil, in vermeintlicher Gottesferne offenbart er sich durch die Propheten als der Nahe, der immanente Gott. Die Klagelieder der Psalmen singen von der erfahrenen Herrlichkeit des Höchsten. Die Propheten selbst erleben Gott als den Nahen. Selbst die Lieder vom Gottesknecht legen Zeugnis ab von der Solidarität Gottes im leidenden Gerechten. Die Parteinahme für den Wehrlosen, den Hilflosen, den Geknechteten, die Witwen und Waisen, ist sie nicht ein Zug, den wir durch die Bücher des Alten Testaments hindurch buchstabiert finden, ja hat sich Jesus diese nicht selbst zur Aufgabe gestellt und damit den Willen Gottes in seine Lebenswirklichkeit übersetzt?

Die Solidarität Gottes mit dem Leidenden überlebt Golgatha

Die Inkarnation in obigem Sinne verstanden veränderte aber auch nicht das Leiden des Gekreuzigten oder linderte es gar. Jeglicher Versuch, die Leiden und den Tod Jesu auf Golgatha zu mystifizieren, ja sogar zu glorifizieren, verharmlost die Bosheit und die Schuld derer, die ihn ans Kreuz gebracht haben, und nimmt die Qualen des Gefolterten nicht ernst. Gottes Inkarnation auf Golgatha ist keine Anästhesie, die Jesus für Schmerz und Leid unempfindlich machte. Das Leiden Jesu bleibt Leiden in seiner grausamen Wirklichkeit, sein Sterben, sein Tod das Ende seines Lebens. ‚*Mein Gott, mein Gott, warum hast du mich verlassen*‘ ist der Schrei des zuvor an den Menschen und jetzt in seinem Leiden auch an Gott zweifelnden und verzweifelnden Jesus. Und dabei war Gott ihm gerade in diesem Moment so nah wie nie zuvor. Aber das wusste er nicht, das konnte er nicht wissen. Auch nicht die, die um ihn herumstanden, oder die, die wegliefen, oder die, die für sein Leid, seinen Tod verantwortlich waren.

Aber wir heute können es wissen. Wir können uns bewusst machen, dass Gott das ungerechte Leiden von Menschen, den ungerechten Tod von Menschen, Folter und Quälereien nicht unbewegt, nicht teilnahmslos betrachtet oder hinnimmt. Wir müssen uns bewusst machen, dass Gott Ungerechtigkeit jedweder Art zuwider ist, dass er dann, wo Menschen dies begegnet, für sie Partei ergreift und sich mit ihnen solidarisiert und an ihrer Seite steht, wenn ihnen Böses widerfährt. So werden wir im Angesicht des ungerecht Leidenden Gottes Antlitz entdecken können. Und darum werden wir Gott auch, nicht nur, aber auch überall dort begegnen, wo sich Ungerechtigkeit zuträgt und zwar an der Seite der Misshandelten und Gefolterten.

Und somit ist die Inkarnation Gottes nicht ein vergangenes Geschehen, sondern hat sich im Verlauf der Geschichte an vielen Orten immer wieder ereignet und

ereignet sich immer wieder neu. Die Gaskammern von Ausschwitz, die Internierungslager in Sibirien, die Verschwundenen in Argentinien, die Konzentrationslager in Ex-Jugoslawien, und die von Überfällen heimgesuchten Dörfer in den Kriegsgebieten Afrikas stehen allein in den vergangenen Jahrzehnten und in der Gegenwart als Beispiele für die Inkarnation Gottes, der in seiner barmherzigen Solidarität Mensch wird in den zu Unrecht Geschundenen jedweder Rasse, jedweden Geschlechts, jedweder Religion.
Golgatha ist die Wort gewordene Manifestation der Inkarnation Gottes im Leidenden, aber wird dadurch nicht zum hermeneutischen Schlüssel für das Leiden in der Welt. Jeder Mensch, dem Böses und Unrecht widerfahren, und dessen Leben und dessen Seele zerbrochen werden, erfährt, auch wenn ihm das nie bewusst wird, die Inkarnation Gottes auf einzigartige und unverwechselbare und unwiederholbare Weise.
Nicht Golgatha erklärt die Parteinahme Gottes für den ungerecht Leidenden. Es ist Gott selbst, so wie wir ihn kennen aus der Tradition der Väter und Mütter und der Propheten, es ist Gott selbst in seiner Menschenfreundlichkeit und seiner Barmherzigkeit, der stets und immer wieder neu Partei ergreift für die, die von den Mächtigen und Herrschenden negiert werden.

Sein und Haben. Gedanken über Leben, Leiden, Sterben, Tod und ewiges Leben

Vom Odem Gottes und der Menschen Seele

Christliches Bekenntnis, erwachsen aus jüdischer Tradition und sie begleitend, glaubt, dass der Mensch von Gott geschaffen sei. Wir lesen in Gen. 2, 7: *Da machte Gott der Herr den Menschen aus Erde vom Acker und blies ihm den Odem des Lebens in seine Nase. Und so ward der Mensch ein lebendiges Wesen.* Schon jüdische Exegese lässt keinen Zweifel daran, dass Gott mit dem Odem, seinem Atem, dem Menschen die Seele, also das Lebens einhaucht. Erst durch den Odem Gottes, erst durch die Seele wird aus dem Klumpen Erde, durch Gottes Hände geformt, ein lebendiges Wesen. Materie allein reicht nicht, um des Menschen Wesen zu beschreiben. Erst der Odem macht ihn dazu. Gleichzeitig ist der Odem, von Gott dem Menschen eingehaucht, Teil von Gott. Und somit wird der Mensch eines Teils Gottes selbst teilhaftig. Er ist nicht nur durch Gottes Hände geformt. Der Mensch birgt in sich den Odem Gottes. Und das macht seine Heiligkeit aus, des Menschen Heiligkeit, weil er in sich einen Teil, der von Gott selbst herkommt, weil er in sich einen Teil Gottes selbst trägt. Und somit ist die Seele des Menschen, weil Teil von Gott, unsterblich und ewig, - weil sie Teil von Gott ist, und Gott unendlich und ewig.

Und es ist die Seele, die den Menschen ständig mit der Sphäre des Göttlichen verbindet. Sie kommuniziert zwischen Himmel und Erde. Sich ihrer Göttlichkeit bewusst, erinnert sie uns nicht nur an die eigene Göttlichkeit, an die eigene Heiligkeit, sondern fordert auch Respekt und Achtung vor dem Menschen an unserer Seite, - denn er ist wie ich, mit Seele und darum mit Göttlichkeit begabt und darum heilig.

Die Seele, Odem von Gott, qualifiziert des Menschen Wesen als *Sein*, Sein im Gegensatz zum Haben (siehe die Unterscheidung von Erich Fromm). Sein allein und ausschließlich im Gegenüber zu Gott und dem Mitmenschen gegenüber, denn er/sie ist wie ich. Oder wie 3. Mose 19, 18 formuliert, was dann in Mt. 5, 43 aufgenommen wird: *Du sollst deinen Nächsten lieben. Denn er ist wie du.*

Paulus konkretisiert die Gedanken von der Heiligkeit des Menschen in seinem Brief an die Korinther (1. Kor. 3, 16f), wenn er schreibt: *Wisst ihr nicht, dass ihr Gottes Tempel seid und der Geist Gottes in euch wohnt. Wenn jemand den Tempel Gottes verdirbt, den wird Gott verderben, denn der Tempel Gottes ist heilig, der seid ihr.* Und dies bekräftigt er wenig später (6, 19) mit den Worten: *Oder wisst ihr nicht, dass euer Leib ein Tempel des Heiligen Geistes ist, der in euch ist und den ihr von Gott habt, und dass ihr nicht euch selbst gehört?* Hier erinnert Paulus jedoch weniger an das von Gott Geschaffen-Sein, sondern vielmehr an den Geistempfang in der Taufe. Egal. Hier wie dort, im Grunde in beidem, wird deutlich, dass der Mensch, getauft oder nicht, Anteil hat an der Göttlichkeit Gottes, an seiner Heiligkeit, an seiner Ewigkeit.

Der Mensch – Teil von Gottes Schöpfung

Es ist aber nicht nur der Mensch, der von Gott erschaffen wurde. Nein, zuvor schafft Gott Himmel und Erde, das ganze Universum. Der Mensch, am Ende erschaffen, ist somit ein Teil des von Gott erschaffenen Ganzen. Einer der beiden Schöpfungsberichte meint zwar, der Mensch sei die Krone der Schöpfung, das Beste, das Höchste, das Gott erschuf. Das mag sein. Aber damit wird er noch lange nicht Mittelpunkt des Universums.

Er bleibt als Mensch ein Teil, der nur in Zusammenhängen, in Beziehung zur ganzen Schöpfung Gottes lebt und leben kann. Dies schmälert nicht die Göttlichkeit, die Heiligkeit, die in ihm, dem Menschen, in mir lebt. Es relativiert sie auch nicht, denn der Mensch steht in unmittelbarer Beziehung zu Gott. Aber als Teil bin ich nicht das Ganze.

Ich bin. - Aber der andere auch, die Schöpfung auch und die Ganzheit des von Gott Geschaffenen *ist* auch. Auch das, was ich wahrnehme, in der Nähe und in der Ferne, ist nur ein Teil der Realität. Im Blick auf die Unendlichkeit des Seins ist mein Sein wie ein Sandkorn am Meer, aber eingefügt in das Ganze, Teil desselben. Ohne es, ohne mich, würde etwas fehlen. In allem aber ist Gott. Dieser und er allein relativiert mein Sein, lässt mich Teil sein, aber *teil*nehmen, und setzt mich immer wieder in Beziehung zu ihm und zu meinen Mitgeschöpfen.

Des Menschen Aufgabe

Gott ist die Liebe, lesen wir im 1. Johannesbrief (4, 16a). Liebe muss sich mitteilen, Liebe braucht ein Gegenüber, um sich mitteilen zu können, sonst wäre sie Eigenliebe. Liebe braucht ein Du. Weil Gott ein Gegenüber braucht, ein Du, weil seine Liebe keine Selbstliebe ist, sondern sich mitteilen will, mitteilen muss, schuf er, rief er die Schöpfung ins Leben (vgl. Gen. 1, 1ff) : Himmel und Erde, Tag und Nacht, Wasser und Land, Gras und Bäume, die Gestirne am Himmel, die Tiere im Wasser, in der Luft, auf dem Land. Und schließlich den Menschen, als Mann und Frau, schuf er ihn, - ihm, Gott, ähnlich. Und am Ende, wie kann es anders sein, wenn es aus Liebe geschieht, - war alles sehr gut.

Dem Menschen, Mann und Frau, gab er eine besondere Aufgabe und hierin wird Gottes ganze Liebe zu ihm, dem Menschen, deutlich. Denn wen Gott liebt, den fragt er, wen Gott liebt, von dem fordert er, wen Gott liebt, den stellt er in Verantwortung: *Seid fruchtbar und mehret euch und füllet die Erde und macht sie euch untertan und herrschet über die Fische im Meer und über die Vögel*

unter dem Himmel und über das Vieh und über alles Getier, das auf Erden kriecht. (Gen. 1, 28).
Aber wie konnte der Mensch Verantwortung für die Schöpfung Gottes, für Gottes liebendes Gegenüber übernehmen, wenn er nicht zwischen gut und böse unterscheiden konnte? Denn der Genuss der Früchte des Baumes, die diese Erkenntnis schenkte, die waren dem Menschen verboten. So erlag er/sie konsequenterweise der Versuchung der Schlange und kostete von der Frucht, was wiederum die Vertreibung aus dem Garten Eden zur Folge hatte.
Dies auch von Gott her als Vorsichtsmaßnahme, denn im Garten gab es noch einen anderen Baum. Den des Lebens. Hätte der Mensch von ihm probiert, er lebte ewiglich.
So musste der Mensch, bevor er ein zweites Mal von einer ihm verbotenen Frucht essen und somit ewiges Leben erlangen konnte, den Garten Eden verlassen. Zeit und Raum jenseits von Eden wurden die Realität. Sie begrenzten des Menschen Leben. Aber Geschöpfe Gottes blieben sie, so wie seine ganze Schöpfung. Gottes geliebte Kinder blieben sie.

Eins werden

Der Mensch nun, so auch wir, und das erschließt sich zumindest dem glaubenden Menschen, wird in diese Welt geboren: in seiner Individualität von Gott gedacht und geschaffen und mit Gottes Odem belebt, durch einen Mann und eine Frau gezeugt und durch eine Frau geboren, nicht erst Klumpen Erde, sondern direkt in Fleisch und Blut. Fleisch und Blut, Körper, Materie, Raum und Zeit ausgesetzt und somit ihrer Endlichkeit, ausgesetzt der Welt des *Haben.* Die Seele aber, *Sein* von Gott, die Fleisch und Blut, die Körper wie Materie erst belebt, bleibt unsterblich. So wird der Mensch in seiner Geburt Sein und Haben. Nicht schizophrenes, sondern ergänztes, sich ergänzendes Wesen. Seele und Körper werden eins. Leben von Gott und Leben aus und für die Erde in gleicher Weise. Sein und Haben bestimmen das Wesen des Menschen Zeit seines Lebens auf dieser Erde.

Alle Menschen sind von Geburt an jeweils mit dem gleichen göttlichen Geschenk, der Seele, ausgestattet. Die Bedingungen, in die die Menschen hineingeboren werden, sind sehr unterschiedlich. So unterschiedlich sich in dieser Welt Raum und Zeit gestalten, so unterschiedlich entwickelt sich auch der Mensch. Zwar sind alle aus der gleichen Erde geformt, aber geographischen, kulturellen, religiösen, sozialen, ethnischen Einflüssen so ausgeliefert, dass ihre Form jeweils so verschiedenen ist, dass kaum eine der anderen gleicht, verschieden, unverwechselbar und zahlreich wie, noch einmal, die Sandkörner am Meer.
Aber wo auch immer und wann auch immer, wir geboren werden, - oftmals lehren und beeindrucken die Bedingungen der Welt, weil sie wunderschön und

gut geschaffen ist, auf ihre Weise, sind verführerisch, wie die Frucht am Baum der Erkenntnis. Und so lernen wir, gerade erst geboren, unser Sein durch immer mehr Haben, durch immer mehr Besitzen-Wollen zu sichern. Und meinen, uns unseres Lebens durch Haben zu versichern.
So kommt es, dass das Haben unser Sein zu verdecken sucht, dass wir Sein-Vergessen leben und unser einziges Streben darin besteht, unser Haben zu vermehren, um sich somit unseres Überlebens zu versichern. Haben und Haben-Wollen sind allzu verführerisch. Grenzenlos ist unser Streben. Maßlos unser Verlangen. Planen, bauen, kaufen. Arbeit wird zur Sucht. Geschäfte machen, belügen und betrügen, morden, selbst Kriege führen. Und wer da nicht mithalten kann, ist draußen.
So kann es geschehen, dass Haben mit Sein verwechselt wird - und uns den Blick zum Himmel verschließt. Dem Habenden reichen Raum und Zeit und er meint, er könne sich alles erkaufen, selbst Raum, selbst Zeit. Und merkt nicht, dass nichts sicher ist, dass kein Haben, kein Besitz unser Leben, unser Überleben sicherer macht. *Du Narr!* lesen wir bei Lk. (12, 20) *Diese Nacht wird man deine Seele von dir fordern; und wem wird dann gehören, was du angehäuft hast? So geht es dem, der sich Schätze sammelt und ist nicht reich bei Gott.*
Lehre uns bedenken, dass wir sterben müssen, auf dass wir klug werden! Welch weiser Spruch steht dort im 90. Psalm. Aber wer hört ihn? Leben wir nicht so, als ob es nichts anderes auf der Welt gäbe als Leben, als ob wir darauf Anspruch hätten, jeden Tag neu auf Aufwachen und in den Tag hinein Leben Anspruch hätten? Und den Tod, den haben wir aus unseren Häusern verbannt, der stört unseren Wahn von der ewigen Jugend, unser Streben nach selbst gemachtem ewigen Leben hier in Zeit und Raum. Der Tod wird verdrängt. Erst aus unseren Häusern und dann aus unserem Denken und Vorstellen.
Und auch wenn es die neben uns trifft, es hilft nicht. Der ja, ich nicht. Sie funktioniert, die Verdrängung. Selbst die Natur, die jedes Jahr den Kreislauf durchlebt von geboren werden, wachsen und gedeihen, Früchte tragen und verwelken, verdorren und sterben ist keine Lehrmeisterin mehr, weil wir uns schützen können vor ihren größten Herausforderungen an uns: durch Licht und Schatten, je nach der Zeit, durch Wärme und Kälte, wie es uns gerade beliebt, durch Reisen in weite Ferne, um dem Tod im eigenen Lande zu entgehen, durch Aspirin und Medizin, durch Onkologie und Zytologie. Und selbst der Begriff der Lebensversicherung gaukelt uns die Unendlichkeit des Lebens vor, macht ihr Geschäft aber mit unserem Tod.
Aber das alles täuscht, alles ist vergeblich. *Denn es geht dem Menschen wie dem Vieh,* lesen wir beim Prediger Salomos (3, 19f), *wie dies stirbt, so stirbt auch er,… Es fährt alles an einen Ort. Es ist alles aus Staub geworden und wird wieder zu Staub.*

Nichts rettet den Menschen vor dem Tod, kein Besitz, kein Haben. Im Gegenteil, im Angesicht des Sterbens erst wird die Sinnlosigkeit des Schätze-Sammelns, der Wahn des Immer-mehr-haben-wollen entlarvt, entlarvt als der Versuch, Gott doch noch ein Schnippchen zu schlagen. Das letzte Kleid hat keine Taschen, sagt der Volksmund. Und was bleibt, sind nicht die Schätze, die wir Zeit unseres Lebens angesammelt haben, wie diese auch immer aussehen mögen, - was bliebt ist nicht das, was wir haben, nicht das, was einst in Fleisch und Blut in diese Welt geboren wurde. Was bleibt, ist das, was Gott uns schenkte, was er uns gab, womit er uns leben lies, sein Odem, sein Geist, die Seele, unser Sein, das, was wir waren, das, was wir sind und was uns kein Tod rauben kann. Das weiß auch Mt. (6, 19ff): *Ihr sollt euch nicht Schätze sammeln auf Erden, wo sie Motten und der Rost fressen und wo die Diebe einbrechen und stehlen. Sammelt euch aber Schätze im Himmel, wo sie weder Motten noch Rost fressen und wo die Diebe nicht einbrechen und stehlen. Denn wo dein Schatz ist, da ist auch dein Herz.*

Zwischen Haben und Sein

Aber die Welt ist zu schön, um nicht dem Haben-Wollen zu verfallen, um nicht bleiben zu wollen. Auch die Macht verlockt. Und wer mächtig ist, glaubt nicht, sich irgendwann dem noch Mächtigeren beugen zu müssen. Und doch, es gibt Momente, an denen wir an unseren Ursprung erinnert werden, daran, dass wir nicht nur Fleisch und Blut, nicht nur Haben sind, sondern Sein, teilhaftig des Geistes Gottes, seines Odems, Seele. Eher verdeckt, eher unauffällig lebt sie in uns, lässt uns gewähren, hindert nicht unseren Drang zu sammeln, zu haben, zu besitzen. Wir sind Jäger und Sammler. Die Seele weiß um unser Naturell. Aber unbemerkt bleibt sie in Verbindung zu dem, der Raum und Zeit übersteigt, hält Kontakt zu der Dimension, die wir nicht einmal in unseren Träumen zu erahnen scheinen, zu dem, *was kein Auge gesehen hat und kein Ohr gehört hat und in keines Menschen Herz gekommen ist, was Gott bereitet hat denen, die ihn lieben (1. Kor. 2, 9).*

Diese Dimension, das ist die Welt der Engel und der Geister, das ist die Welt, in der allein Gott das Sagen hat, unendliches Sein, jenseits von Zeit und Raum, Ursprung und Ziel aller Dinge, Gott in allem und über allem und durch alles, ohne Anfang und ohne Ende, auch von ihm geschaffen und nicht aus seinen Händen gegeben, sein Reich, das keine Grenzen hat und darum auch keine Grenzen kennt, Zeit in allem und Raum für alles, von der Welt, in der wir leben, geschieden, die im Vergleich zu ihr verschwindend klein ist, wie ein Tropfen in einem Meer, ein weiteres Mal: ein Sandkorn am Strand.

Und nur dem gewährt er, Gott, einen kurzen Blick in diese Dimension, - der nicht zugedeckt von all dem, was er sein Haben nennt, - der sehen kann, - der mit dem Wunder rechnet, - der weiß, dass er in seiner Gottähnlichkeit doch klein, verschwindend klein, vor allem nicht alles, sondern nur ein Teil ist, -

auch sein Leben hier in dieser Welt, nur gegeben für eine kleine Weile, im Vergleich zur Ewigkeit nur die Sekunde eines Augenschlags dauert, - und dass er dann zurückkehrt, zu ihm, zu Gott, in die Welt ohne Zeit, ohne Raum, - und dass er all das, was Haben ist, was ihm bisher lieb und wert war, womit er sich Bleiben erhoffte und erkaufen wollte, lassen muss dort, wo Motten und Rost es fressen werden. Fleisch und Blut, Körper, er bleibt, wird wieder Erde, wird wieder Asche, wird wieder Staub. Die Seele aber, Gottes Odem, sein Geist vergeht nicht, kommt her von seiner Ewigkeit und kehrt zu ihr wieder zurück.
Zurück in eine Welt, die immer schon da ist, seit Gott sie geschaffen hat, und immer sein wird, weil Gott immer sein wird. Und er nicht fahren lässt das Werk seiner Hände.

Die Sehnsucht der Seele

So trennt sich am Ende des Lebens auf dieser Erde das, was hier auf dieser Erde bleibt, einst von Erde genommen wird wieder zu Erde, verfällt zu Staub und da hilft, da rettet kein Haben, - von dem, was immer schon ewig war, weil von Gott, weil er der Ewige ist, und kehrt zu Gott zurück, in sein Reich, in seine Welt, die ohne Anfang und ohne Ende ist, Ewigkeit von Ewigkeit her.
Sein Reich, gleich wie der Mensch von Gott geschaffen und darum Teil göttlicher Schöpfung, so wie der Mensch selbst, aber weder Raum noch Zeit anheim gegeben, sondern ewig, ohne Anfang und Ende, und darum unendlich. Und weil Schöpfung Gottes, und weil es Gottes Wesen trägt und, vom Geist Gottes durchweht, auch von gleicher Schönheit ist, unterliegt es dem gleichen Urteil, das Gott am Ende seines Schöpfungswerks im Rückblick, auf Gegenwart und Zukunft fällte: ja, es war sehr gut. Und so träumt Paul Gerhard mit gutem Grund, wenn er in seinem Lied ‚Geh' aus mein Herz' (EG 503, 9.10) dichtend zu glauben meinte: *Ach, denk ich, bist du hier so schön und lässt du's uns so lieblich gehn auf dieser armen Erde: was will doch wohl nach dieser Welt dort in dem reichen Himmelszelt und güldnen Schlosse werden! Welch hohe Lust, welch heller Schein wird wohl in Christi Garten sein! Wie muss es da wohl klingen, da so viel tausend Seraphim mit unverdrossnem Mund und Stimm ihr Halleluja singen.*

Aber für diese Sicht ist uns im Allgemeinen hier auf Erden der Blick verstellt, da schauen wir zu kurz und sehen nur bis zum Horizont, sehen nur unseren Raum, den die Zeit begrenzt. Da sind wir auch taub, weil uns der alltägliche Lärm die Ohren verstopft und wir inzwischen schwerhörig geworden sind für die Töne, die aus der Ewigkeit, aus der Unendlichkeit Gottes zu uns dringen. Weil weder Augen noch Ohren bereit sind, und heute schon gar nicht mehr, in das Transzendente vorzudringen, in die Dimension des Lebens, die jenseits menschlicher Vorstellung ist, - aber nicht weniger wirklich, weil, so wie wir, ebenfalls von Gott geschaffen und Teil seiner selbst und von Anfang an auch

für uns als Ziel gedacht. Nicht für Fleisch und Blut, aber für die Seele, von Gott mit Odem ins Leben gerufen.
Denn hier trennt sich Haben von Sein. Haben zerfällt in der Zeitlichkeit zu Staub, Sein lebt fort in Ewigkeit. Es bleibt auf Erden, was von Erde genommen, es kehrt zu Gott zurück, was von ihm gekommen. Und bleibt *im Hause des Herrn immerdar (Ps. 23, 6).* Nicht das ganz andere, nicht nur erreichbar für die wenigen, nein für alle, weil zwei Seiten derselben Medaille. Gut, unterschiedlich groß, denn im Vergleich das eine ein Tropfen, das andere das Meer. Aber beides gehört zusammen, ist nicht zu trennen, hier Welt in Zeit und Raum, dort Welt in der Unendlichkeit, säuberlich getrennt, aber zusammengehalten, verbunden in Gott, weil beides durch ihn geschaffen wurde und weil er der Eine und der Einzige ist.

Die Trennung

Ja, zwei Seiten derselben Medaille, so wie die Endlichkeit und die unendliche Welt, so auch Leben und Tod. Das eine ist ohne das andere nicht zu denken, gibt es nicht ohne das andere, - verbunden allein durch das unendliche Sein, durch Gott, der uns mit unserem Sein teilhaben lässt an seinem. Das eine ist in das andere eingefügt. Wir sind nicht verloren, niemals vergessen. Wir sind nur für eine kleine Zeit in Raum und Zeit versetzt, im Gegenüber Gottes, um seine Schöpfung zu bewahren, - ihm selbst Partner in Zeit und Raum, Objekt seiner Liebe, um dann zu ihm wieder zurückzukehren in unmittelbare Nähe, nicht mehr im Gegenüber, sondern in Teilhabe an seinem Sein, als Leben ohne Ende, als *unser ewiges Leben.*
Darum, auch wenn er grausam ist, der Tod, schmerzhaft, unerträglich, auch weil der Abschied grausam ist, auch unerträglich, auch schmerzhaft, weil er Abschied ist vom Haben, mit dem wir für uns Unendlichkeit erkaufen wollten, auch weil er Abschied ist von lieben Menschen, die uns begleitet haben lebenslang, auch weil er Abschied ist von vielem Schönes, was uns unüberbietbar, was uns lebenswert erschien, was uns Glück und Freude war, so legt sich doch im Moment des Sterbens auf des Toten Gesicht der tröstende Glanz des Friedens, seine Züge werden weich, alles, was zuvor Kampf und Schmerz war, löst sich auf in Harmonie und Frieden.
So fällt es leicht der Seele, sich von Fleisch und Blut zu trennen, bewahrt im Gedächtnis gerade dieses Bild, - um mit sich selbst und Fleisch und Blut versöhnt zurückzukehren in die göttliche Welt des Geistes, die allein von Gottes Odem durchdrungen und durchwebt ist.

Vom Leiden und Sterben und Tod

Und dies kann Antwort sein, Antwort auf viele Fragen, die das Leben stellt. Auf die Fragen, die um das ‚Warum nur?‘ kreisen. Antwort auf die Frage nach Leid und Schmerz, auf Schuld und Sühne.
Denn in dem sind alle Menschen gleich: ob früh oder spät, durch eigenes Verschulden oder durch die böse Tat des anderen, vielleicht erst lebenssatt, am Ende wartet der Tod. Das ist das einzig Sichere in diesem Leben, auch wenn alles unsicher scheint, vage, oftmals vergeblich, ja eitel. Der Tod ist der, dem alle begegnen werden, sogar der Täter, der das Leben der Opfer um welche Zeit auch immer verkürzte. Der Tod macht keine Ausnahme. Er macht gleich: Kleine und Große, Kranke und Gesunde, Männer und Frauen, Schwarze und Weiße, Kluge und Dumme, Reiche und Arme, Böse und Gute, Mächtige und Ohnmächtige. Diese Einsicht kann verzweifeln lassen, kann krank machen. Diese kann zur Hoffnungslosigkeit führen.
Jedoch nur den, der sich, egal wo er steht, selbst in den Mittelpunkt des Lebens zu stellen versuchte, der nicht mehr eingedenk der Endlichkeit seines Lebens, seines ‚nur‘ Teil-Seins, war, - der auch nie begriff, dass auch das Leben in dieser Welt nur Teil ist, vielleicht nur ein verschwindend kleiner, Sandkorn am Meer, - dass diese Welt in ihrer Endlichkeit, nur Teil der Unendlichkeit des von Gott für Ewigkeit geschaffenen Universums ist. Nicht mehr, aber auch nicht weniger. *... tausend Jahre sind vor dir, wie der Tag, der gestern vergangen ist, und wie eine Nachtwache. Du lässest sie dahinfahren wie einen Strom, sie sind wie ein Schlaf, wie ein Gras, das am Morgen noch sprosst, das am Morgen blüht und sprosst und des Abends welkt und verdorrt... Denn unser Leben währet siebzig Jahre und wenn es hoch kommt so sind es achtzig Jahre und was daran köstlich scheint, ist doch nur vergebliche Mühe,* lesen wir noch einmal im 90. Psalm.
Denn Gott steht in allem und über allem. Und Leben ist Leben im Gegenüber Gottes, Sterben bedeutet Rückkehr, bedeutet Werden des menschlichen, unseres Seins hin zum göttlichen Sein, - ist Heimkehr.
Und mag diese Welt, in der wir leben, noch so schön sein,... Warum sollte Gott, wenn er doch die Endlichkeit dieser Welt in Raum und Zeit so schön und unaufgebbar und verlockend schuf, nicht auch die Unendlichkeit, das unmittelbare Sein bei ihm und mit ihm mit gleicher Schönheit, vielleicht sogar mit noch größerer Schönheit ausgestattet haben, vielleicht anders, das mag sein, aber nicht weniger verlockend, im Gegenteil.
Denn dort, - ja was ist dort? Lesen wir in der Offenbarung des Johannes (21, 3ff), der einen Blick werfen konnte in die Unendlichkeit Gottes, dort sah er *die Hütte Gottes bei den Menschen! Und er wird bei ihnen wohnen, und sie werden sein Volk sein und er selbst, Gott mit ihnen, wird ihr Gott sein; und Gott wird abwischen alle Tränen von ihren Augen, und der Tod wird nicht mehr sein,*

noch Leid noch Geschrei noch Schmerz wird mehr sein; denn das Erste ist vergangenen. Und der auf dem Thron saß sprach: Siehe ich mache alles neu!

Die bösen Menschen, die Täter und die Hitlers dieser Welt?

Es bleibt die Frage: gilt das alles auch für böse Menschen, für Täter, für die Adolf Hitlers dieser Welt? Eine Antwort hierauf ist schwer. Denn wer mag wissen, wie Gott handelt, wie Gott urteilt, wie Gott entscheidet? Jesaja (40, 13ff, vgl. Röm. 11, 33ff) schreibt: *Wer bestimmt den Geist des Herrn, und welcher Ratgeber unterweist ihn? Wen fragt er um Rat, der ihm Einsicht gebe und lehre ihn den Weg des Rechts und lehre ihn Erkenntnis und weise ihm den Weg des Verstandes?* So kann eine Antwort nur Spekulation sein.

Zunächst einmal gilt als Antwort auf diese Frage ein klares ‚Ja'. Ja, auch die Seele der bösen Menschen, der Täter, die der Adolf Hitlers dieser Welt trennt sich bei ihrem Tode vom Körper und geht ein in die Unendlichkeit des Seins bei Gott, in die Ewigkeit jenseits von Zeit und Raum. Der menschliche Körper, der des guten wie der des bösen Menschen, findet sein Ende im Tod. Täter und ihre Opfer teilen letztendlich das gleiche Schicksal. Denn keiner vermag, auch nicht durch seine Bosheit, durch seinen Hass, durch die Gewalt, die er über andere Menschen ausübt, durch Töten oder Morden, sein Leben auch nur um einen einzigen Schlag eines Augenlides zu verlängern.

Ähnliches gilt dann auch für die Seele. Die Seele, dem Menschen durch Gott eingehaucht, ist eine, weil Gott der Eine ist. Der Odem Gottes, der den Menschen zu einem lebendigen Wesen macht, ist nicht verschieden: mal gut, mal weniger gut, manchmal sogar schlecht, je nach der Tagesform Gottes, so dass sich hier schon das Los, das Ergehen des Menschen entscheidet (Prädestination). Das würde ihm, dem Menschen, ja auch die Verantwortung für seine Entscheidungen, für sein Tun abnehmen. Gott ist der Eine und immer der Gleiche.

So ist auch der Odem Gottes, der den Menschen mit Göttlichkeit beseelt, am Anfang für alle Menschen der Gleiche. Das heißt: zu Beginn eines Lebens unterscheidet sich die Seele der Menschen in nichts. Dann aber, mit dem Körper vereint, beginnt das Spiel zwischen Sein und Haben, vielleicht ein Wettkampf zwischen beiden, der Seele, die dem Sein Gott verbunden bleibt, mit dem Körper, der von Erde genommen, sich mit irdischen Gütern des Habens und des Lebens mit immer-mehr-haben-Wollen versichern will.

Das ahnte Gott. Denn des Menschen Drang zum Größenwahn, nach Unsterblichkeit wurde Gott schon in Babel bewusst, als die Menschen einen Turm bauten, der bis in den Himmel reichen sollte, um sich so einen Namen zu machen und damit dem Namen Gottes, der über alle Namen ist, Konkurrenz. Hier erkannte Gott, was Freiheit des Menschen bedeuten, wie grenzüberschreitend der Mensch in seiner Freiheit werden konnte.

So suchte Gott das Sein des Menschen, seine Seele, vor dem Haben zu schützen. Gott ließ zwar dem Menschen die Freiheit, die er ihm einst gewährte. Aber das Verhältnis zwischen Seele und Körper, zwischen Sein und Haben sollte im rechten Gleichgewicht bleiben. Der Wettkampf zwischen Seele und Körper sollte nicht dem freien Spiel der Kräfte überlassen werden. Denn Gott wusste schon aus paradiesischen Zeiten, dass Haben-Wollen, der Welt des Sichtbaren verbunden, immer verlockender würde.
Was konnte da die Seele, das Sein, der Odem Gottes, unsichtbar, wie sie waren, dem Haben entgegenhalten, wenn nicht das Wort Gottes selbst? So gab Gott die Zehn-Worte (Dekalog, 10 Gebote), Worte, wenn sie gehalten, Leben vor Gott und in Gemeinschaft mit den Menschen fördern und kreativ gestalten konnten. In diesen Zehn-Worten kamen Sein und Haben jeweils auf ihre Kosten, in dieser Reihenfolge, nicht umkehrbar: Mehr noch: das ‚Ich bin der Herr, dein Gott‘ stand als Überschrift über jedem der dann folgenden Zehn Worte, gleichsam als Bezugspunkt. All das, was folgte, stand immer nur in Beziehung zu den ersten Worten, zu dem ‚Ich bin der Herr, dein Gott‘.

So sind die Menschen zwar von Geburt an jeweils mit dem gleichen göttlichen Geschenk, der Seele ausgestattet, ihr Körper jedoch, die Bedingungen, in die sie hineingeboren werden, können, wie oben bereits erwähnt, sehr unterschiedlich sein.
Das heißt aber nicht, dass die einen Menschen als gute, die anderen als böse Menschen geboren werden. Kein Mensch wird als böser Mensch geboren. Sicher, die Lebensbedingungen sind verschieden. Aber jeden Tag, jede Stunde, egal wo ich lebe oder wie ich lebe, habe ich im Zweifelsfall die Entscheidung, mich für das Gute oder für das Böse zu entscheiden. Kriterium hier sind Gottes Zehn-Worte. Mehr braucht es nicht, um ein Gott wohlgefälliges Leben zu führen, das Verhältnis von Sein und Haben im rechten Gleichgewicht zu belassen.
Und das gelingt vielen, weil sie sich für das Gute entscheiden. Andere jedoch entscheiden sich für das Böse. Und leider gebiert das Böse neues Böses; und die mörderische Spirale, die nach unten führt, beginnt. Während das Gute, das ich tue, Balsam für die Seele ist, die Seele streichelt, fügt das Böse, das ich tue, meiner Seele Verletzungen, Verwundungen zu. Und je böser mein Tun ist, umso größer sind die Wunden. Und auch wenn sie heilt, wenn sie überhaupt heilt, dann bleiben immer noch Narben. Und eine Seele voller Wunden, die keine Chance zur Heilung hatte, weil ihr auch keine Ruhe gegönnt wurde, weil ihr immer neue Wunden hinzugefügt wurden, eine verwundete Seele oder auch nur eine vernarbte Seele ist möglicherweise kaum in ihrer göttlichen Herkunft, in ihrem Sein zu erkennen, wenn sie sich dann vom Haben trennt, bevor der Körper hier zu Staub zerfällt.

Und darum ist es nicht egal, wie ich gelebt habe, wenn meine Seele dann einst zu ihrer göttlichen Heimat zurückkehren wird, wieder eins werden wird mit Gottes Sein, eintreten wird in seine Zeit, in seinen Raum, die keine Zeit, die keinen Raum kennt, sondern Unendlichkeit in Zeit und Raum. Zwar ist Platz für beide, für die einen wie für die anderen. Platz ist für alle. Wie könnte es in einer Welt ohne Zeit und ohne Raum auch anders sein?
Und doch? Welchen Sinn machten die Zehn-Worte und ihre Befolgung, wenn am Ende doch wieder alle eins seien in der göttlichen Ewigkeit, wenn Mutter Theresa am Tisch Gottes säße, ihr gegenüber die Adolf Hitlers dieser Welt? Kann ich meine mir von Gott geschenkte Seele fast bis zur Unkenntlichkeit ‚verletzen' und ‚verwunden' und ‚vernarben' und hoffen, dass ich dennoch die Gnade Gottes fände und er mich aufnehmen würde in unendlicher Liebe und Barmherzigkeit?
Die biblischen Bücher wissen um diese Fragen und zeichnen Bilder, die uns das Verstehen ermöglichen sollen. Ein sehr eindrückliches zeichnet Lukas im Gleichnis vom reichen Mann und armen Lazarus (Lk. 16, 19ff). Der Reiche genießt sein Leben in Purpur und lebt alle Tage herrlich und in Freuden. Der arme Mann vor seiner Türe verhungert. Weil der Reiche ihm nichts zu essen gab, noch nicht einmal die Abfälle von seinem Tisch, fand er sich nach seinem Tode in der Hölle wieder. Und von Ferne sah er den Armen in Abrahams Schoß. In der Ewigkeit werden die Verhältnisse umgekehrt, so weiß die Bibel zu berichten. Denn: *Was ihr getan habt einem von diesen meinen geringsten Brüdern, das habt ihr mir getan,* ist der Maßstab Jesu im Matthäusevangelium (25, 40b). Und unsere Entscheidungen, unser Handel ist in der Konsequenz, so Jesus zuvor (Mt. 7, 20), erkennbar an den Früchten, die wie an einem guten Baum, gute Menschen erzielen werden.
Himmel und Hölle, Reich der Finsternis und Abrahams Schoß, Bilder aus den Heiligen Schriften, die den Raum beschreiben, in denen wir unsere Seelen finden werden. Diese geographische Zuordnung mag der Unendlichkeit des Raumes in der Ewigkeit Gottes widersprechen. Aber sie sind nur Bilder dafür, was von der Seele an Liebe Gottes, an seiner Gnade und Barmherzigkeit in der ewigen Welt Gottes erfahrbar, spürbar ist.
Denn verkrustete Wunden und Narben haben der Seele eine solch dicke Schicht aufgetragen, dass Gottes Liebe gar nicht bis in ihr Inneres vordringen kann. Und wie es ist, wenn wir Gottes Liebe nicht zu spüren vermögen, lässt sich leicht erinnern, wenn wir uns an unsere Kindertage denken, wenn wir durch unser Verhalten unsere Mutter, unseren Vater verstimmt hatten, wenn ich mich selbst durch mein Verhalten aus der Geborgenheit und der Wärme ihrer Liebe entfernte und in mich selbst verkroch und es kalt und dunkel, ja finster um mich her wurde.
So wird es sein. In die Finsternis meiner Seele, vernarbt, verwundet, verletzt, verkrustet, kann der Strahl göttlicher Liebe nicht dringen. Der Panzer ist zu dick. Da braucht es in der Ewigkeit Gottes eine Ewigkeit für sich, bis die

Wunden vernarbt und die Narben verheilt sind. Und 1000 Jahre sind da nichts, werden da *wie der Tag, der gestern vergangen ist* (Ps 90, 4).

Aber die Möglichkeit zur Heilung besteht. Denn Gott wäre nicht Gott, wenn seine Liebe dann nach ewig langer Zeit nicht auch die fast unkenntlich gewordene Seele zu heilen vermag. Jedoch bis dahin ist die Finsternis finster und die Nacht bleibt Nacht (vgl. Ps 139, 12). Die Seele der anderen jedoch erfreuen sich die Seele der baldigen, vielleicht sogar der sofortigen wärmenden und bergenden, ja unmittelbaren Liebe Gottes, können in seinem Licht das ewige Licht sehen. Und Gott feiert mit ihnen ein Fest, das ein Fest ohne Ende ist.

Wie ist Gott?

Die (Er)Lösung, die Liebe, die Verheißung. Gedanken zu Rut 3

Die neue Rut. Ein poetischer Einstieg

In ihrem Gedichtband ‚Fahrt ins Staublose' aus dem Jahre 1961 hat Nelly Sachs dem Land Israel ein Gedicht gewidmet. Es spricht von der Rückkehr Israels nach der Shoah ins gelobte Land. Ich lese die letzte Strophe:

Land Israel,
nun wo dein Volk
aus den Weltenecken verweint heimkommt
um die Psalmen Davids neu zu schreiben in den Sand
und das Feierabendwort ‚Vollbracht'
am Abend der Ernte singt –
steht vielleicht schon eine neue Rut
in Armut ihre Lese haltend
am Scheideweg ihrer Wanderschaft.

Nelly Sachs wurde am 10. Dezember 1891 in Berlin geboren. Sie entstammte einer jüdischen Familie und floh 1940 nach Schweden. In ihren lyrischen und dramatischen Werken beschreibt sie das Schicksal des jüdischen Volkes als Spiegelbild menschlicher Bedrohung.

In der eben zitierten Strophe weist Nelly Sachs in einfühlender und zwischen jüdischer und christlicher Tradition vermittelnder Weise auf eine einzigartige Gelegenheit: nun nach der Shoah und der Rückkehr Israels ins gelobte Land gäbe es den idealen Zeitpunkt, dass Christen mit Israel einen neuen Weg beginnen könnten, der im Bekenntnis zum Gott Israels seinen bewegenden Grund hat. Voraussetzung für den ersten Schritt der Christen wäre aber das Eingestehen der eigenen Armut, der Armut, die sich in der Erinnerungslosigkeit, im Vergessen der Wurzeln, im Vergessen der religiösen Tradition, der Mütter und Väter im Glauben, in der Israelvergessenheit manifestiert und die nur in der Wiedererinnerung und in der Hinwendung zum Gott Israels überwunden werden könne. Aber es wäre der Weg hin zu Gott, ein Weg begleitet von Erlösung, von Liebe, und Verheißung. Und, so wie Rut, gälte es, sich vorbehaltlos der anderen Tradition anvertrauen und sich dem Neuen zu öffnen. Und dies ohne Angst, sich selbst zu verlieren.

Kontextuelle Hinführung

Bevor ich versuche, meine Gedanken zur den Begriffen ‚(Er)Lösung', ‚Liebe' und ‚Verheißung' mit Hilfe des 3. Kapitels aus dem Buch Rut zu formulieren, möchte ich mit einigen einleitenden Vorbemerkungen[102] beginnen.

1. Das Buch Rut in jüdisch-christlicher Perspektive

In kaum einem anderen alttestamentlichen Buch finden wir christliche Tradition in so grundlegender Art und Weise in jüdischer Geschichte verwurzelt wie im Buch Rut.
Bethlehem, der Ort den Naomi mit ihrem Mann, ihren beiden Söhnen verlässt, und in den sie viele Jahre später mit Rut zurückkehrt, wird der Ort, in den uns der Evangelist Lukas führt, weil dort Maria ihren Sohn zur Welt bringt, den Heiland der Welt (Lukas 2). In den Heiligen Schriften wird Bethlehem zum Ort, an dem sich Gottes Treue manifestiert, dort wie hier. Von Rut zu Maria spannt sich ein weiter Bogen durch die Geschichte und verbindet Altes mit Neuem.
Rut gebar ein Kind und die Frauen Bethlehems gaben ihm den Namen Obed (4, 17). Obed war der Vater Isais', Isais der Vater Davids. Wer erinnert sich nicht an die Weissagung des Propheten Jesaja, in dem er von dem Messias und seinem Friedensreich kündet (Jes. 11, 1ff). Christliches Bekenntnis zu Jesus als dem Christus verweist auf jüdische Tradition, jüdisches Bekenntnis und jüdische Verheißung, weist über David und Isais zurück zu Rut und stellt Jesus in keine andere als in die Tradition seines, des jüdischen Volkes. Dies wusste sogar noch der Evangelist Matthäus, wenn er im Stammbaum Jesu, der von Abraham bis hin zu Joseph reicht, Rut als Mutter des Obed erwähnt.

2. Das Buch Rut. Ein Frauenbuch.

Das Buch Rut ist ein Frauenbuch. Ähnliches könnten wir vielleicht noch für die Bücher Ester und Judith sagen. Und doch unterscheiden sie sich stark in ihrem Wesen vom Buch Rut.

Das Buch Judith wird aus männlicher Perspektive erzählt. Hier dominieren Macht und Krieg. Judith weiß durch ihre Schönheit und eine List den Feldherrn Nebukadnezars für sich zu gewinnen. Dann ermordet sie ihn. Sie wird zu den Helden Israels gezählt.
Auch Ester wird zur Heldin des Volkes Israel, indem sie sich in Klugheit und Mut für ihr Volk einsetzt. Anders als Judith lässt Ester morden. Auch hier der

[102] Die nachfolgende Vierteilung verdanke ich einer Meditation Jürgen Seims in: Klaus-Peter Jörns (Hg.), Von Rut und Boas bis Judas, Göttingen 1993, S. 11 ff. Seim verweist auf die Israel-theologische, die feministisch-theologische und die befreiungstheologische Perspektive des Buches und auf das Beispiel der im Buch Rut erfolgten Integration von Ausländern.

Hinweis darauf, dass Frauen, wenn sie in einer Männerwelt bestehen wollen, Eigenschaften von Männern übernehmen, ja oft männlicher als Männer werden müssen.

Ganz anders das Buch Rut. Es erzählt die Geschichte von Frauen, von Naomi und ihren Schwiegertöchtern. Frauen sind die Handelnden und Frauen, wie die Frauen von Bethlehem, begleiten positiv die Handlung. Bei Rut wird nicht gemordet, nicht Leben vernichtet. Bei Rut wird geliebt, vertraut, befreit und Leben geboren.

Das Buch Rut erzählt von Beziehungen. Und zwar von positiven, von kreativen, von öffnenden Beziehungen. Und auch deshalb bezeichne ich es als Frauenbuch. Es erzählt von der Ehe zwischen Männern und Frauen, dann auch von der Beziehung zwischen Schwiegermutter und Schwiegertochter. Und diese übersteigt alles bisher Erzählte, bisher Bekannte, bisher Überlieferte. Die Beziehung, die sich zwischen Rut und Naomi entwickelte, ihre gegenseitige Liebe, ihr gegenseitiges Vertrauen, ihr gegenseitiges Sich-Wohlwollen und Sich-Guttun ist der Grund dafür, dass es für Rut überhaupt keine Frage ist, als Naomi sich entscheidet, zurück nach Bethlehem zu gehen. Rut geht mit. Rut ist sich sicher. Sie kann sich auf Naomi einlassen, sie kann sich ihr ganz und gar anvertrauen, sie weiß sich bei Naomi zu Hause, egal was die Zukunft bringen mag. *‚Dränge mich nicht, dich auch zu verlassen. Ich gehe nicht weg von dir! Wohin du auch gehst, dorthin gehe ich auch; wo du bleibst, da bleibe ich auch. Dein Volk ist mein Volk, und dein Gott ist mein Gott. Wo du stirbst, will ich auch sterben, und dort will ich begraben werden.'* (1, 16f).

Es wäre interessant, mehr über den Autor dieses Buches zu erfahren. Und ich würde mich nicht wundern, wenn dabei herauskäme, dass nicht ein Mann, sondern eine Frau das Büchlein geschrieben hätte.

Das Buch Rut als Buch beglückender, bereichernder Beziehung. Es wundert nicht, dass es gerade dieses Buch ist, das in nachrabbinischer Zeit aus den 5 Festrollen jüdisch-biblischer Tradition, den Megilloth, ausgewählt, um an einem Festtag im Frühjahr, zu Schawuot, in der Synagoge verlesen zu werden. Warum?

Sicher mag man sagen, dass die Geschichte von Boas und Rut im Frühjahr zur Erntezeit, also zu Schawuot stattfand, auch dass der Talmud erwähnt, dass der Enkel Ruts König David an Schawuot geboren und gestorben wäre, auch dass Rut durch ihren Eintritt in die Glaubenstradition ihrer Schwiegermutter ihre Treue zur Thora bekundet hat und dass deshalb ihr Lebensbericht an Schawuot, dem Fest der Thora, vorzulesen sei[103].

Aber ich denke es geht hierbei um noch mehr. Denn ist es nicht die Thora, die des Menschen Beziehung zu Gott, ja des Menschen Beziehung zum Mitmenschen definieren soll? Ist die Thora nicht Grundform von Beziehung,

[103] Alfred J. Kolatch, Jüdische Welt verstehen, 4. Auflage, Wiesbaden, 1999, S. 252.

Spiegel des liebenden Gottes, der nicht beziehungslos existiert, sondern gerade Beziehung stiftet und sucht und begleitet. Und welches Buch wäre dann geeigneter als das Buch Rut, dessen Inhalt gelungene Beziehung, Beziehung zwischen Menschen und dann auch Beziehung zwischen Mensch und Gott und Gott und Mensch thematisiert und hierbei die Begriffe ‚Erlösung', ‚Liebe' und ‚Verheißung' zum Klingen bringt?

3. Die Armut ist weiblich

Das Buch Rut ist ein Buch der Armen, weil es die Geschichte von Armut beschreibt. Und nicht durch Zufall ist es gerade deshalb auch ein Frauenbuch. Denn Armut in unserer Welt, in unserer Gesellschaft war und ist im Grunde weiblich.

Der Hunger treibt Naomi in ein fremdes Land. Mit Mann und zwei Söhnen zog sie weg. Die Fremde garantierten ihr Überleben und eine gewisse soziale Sicherung. In Armut kehrt sie zurück, als Witwe kehrt sie heim, ihre beiden Söhne tot. Sie kommt mit ihrer Schwiegertochter, bedürftig und mittellos beide. Sie kehrt zurück in ihre Stadt, in der Hunger und Armut keine Spuren mehr hinterlassen haben. Rut ist die einzige, die auf den Feldern Nachlese hält.

Gleichzeitig ist das Buch Rut auch ein Buch, das uns Einblick nehmen lässt in ein soziales System, das einer Witwe nicht nur das Überleben (Anteil am Zehnten, Dtn. 14, 29, das Recht der Nachlese, Dtn. 24, 19ff) sichert, sondern gleichzeitig einen Platz in der Großfamilie, ja sogar die Möglichkeit, wieder Kinder zur Welt zu bringen (Leviratsehe, Dtn. 25, 5ff). Die Armut ist weiblich, weil patriarchalische Strukturen den Besitz des Mannes schützen, so auch im alten Israel. Andere Kulturen geben andere Beispiele.

Darüber hinaus ist das Buch Rut ein Bekenntnis zu Gott, der ein Herz für die Armen hat. Seine Barmherzigkeit führt unsichtbar durch die Zeilen der einzelnen Kapitel und trotz der Erfahrung des tiefsten menschlichen Leids hin zur Hoffnung auf eine Zukunft.

4. Vom Umgang mit Fremden

Gleichzeitig kann das Buch Rut für uns ein Lehrbuch sein, denn es reflektiert die gelungene Integration von Flüchtlingen, von Ausländern, von Asylanten in ein jeweils anderes Land.

Die Moabiter waren den Israeliten von je her unheimlich, liegt ihr Ursprung doch im Inzestverhältnis Noahs mit einer Tochter begründet (Gen. 19,37). Daneben aber wird es zwischen Moab und Israel eine gegenseitige traditionelle Feindschaft gegeben haben. Die Gründe hierfür werden uns nicht berichtet. Darum ist es keine Kleinigkeit, wenn berichtet wird, dass es den Söhnen Naomis schnell gelingt moabitische Frauen zu finden. Es gelingt den

israelitischen Flüchtlingen innerhalb von 10 Jahren (1, 4), im fremden Land integriert, ja heimisch zu werden.
Gleiches geschieht dann der Rut. Die Ausländerin erfährt die Akzeptanz von ganz Bethlehem, der Frauen Bethlehems und ihrer Ältesten, ja noch mehr. Sie erhält ihren unkündbaren Platz in der Geschichte Israels. Das Buch Rut verknüpft ihre Geschichte untrennbar mit der Rahels, Leas und Tamars, ja typologisch mit der Abrahams und Saras. Israel öffnet sich der fremden, der heidnischen Frau. Sie tritt in das Volk ein, gehört dazu und bekommt Anteil an allem, was Gott für sein Volk bereit hält.

(Er)Lösung, Liebe, Verheißung

‚(Er)Lösung, Liebe, Verheißung'. Diese drei Begriffe beschreiben ein Handeln Gottes, mit denen er sich über die Jahrtausende hinweg seinen Menschen, in besonderer Weise Israel zuwendet. Dabei folgt nicht eins auf das andere. Nein, Erlösung, Liebe und Verheißung sind in der Zuwendung Gottes zum Menschen derart verwoben, dass sie fast austauschbar scheinen.
Ich möchte zunächst diese drei Begriffe auf dem Hintergrund der Gottesgeschichte mit dem Menschen reflektieren, damit Sie das, was folgt, besser verstehen:

Auch wenn es sich bei der ‚(Er)Lösung' um einen Rechtsvorgang handelt, hat dieser aber darüber hinaus stark politische, ja auch religiöse Qualität. Gottes grundlegendes Handeln an Israel, die Herausführung aus Ägypten, ist politisch gesehen ein befreiendes Handeln, religiös ein erlösendes, juristisch man könnte hier den Begriff ‚Lösung' anwenden. Der Exodus lässt aus Israel eine Nation, in der Welt der Völker ein eigenes geschichtliches Volk werden[104]. So ermöglicht die Befreiung aus Ägypten, die Lösung aus Unterdrückung und Armut neue Perspektive, eigene Zukunft, ist darum Erlösung. Ähnliches könnte von der Rückkehr zum Zion aus babylonischem Exil gesagt werden (vgl. Jes. 52, 3). ‚Lösen' heißt, aus bestimmten Strukturen befreien, heißt erlösen, um dadurch für den Befreiten neue Perspektiven zu eröffnen.
So verstehe ich auch den Vorgang im Buch Rut. Sicher wird hier, besonders in Kapitel 4, ein Rechtsvorgang beschrieben. Aber das, was hier zwischen Rut und Boas geschieht, ist mehr als ein Rechtsvorgang. Dieser bietet nur die äußere Hülle, die Form. Der Inhalt jedoch hat andere, hat menschliche, hat Gefühls-Qualität, dann und darum auch befreiende, religiöse Qualität. Darum verwende ich das Wort ‚Lösung' lieber im Sinne von Erlösung, ja Befreiung.

Dass die Liebe ein dem Wesen Gottes zutiefst verwurzeltes Handeln, ja Grund für jedes Handel Gottes ist, braucht eigentlich nicht gesondert erwähnt zu

[104] Vgl. Leo Baeck, Dieses Volk. Jüdische Existenz. Gütersloh, 1996, S. 61.

werden. Sie ist das grundlegend mitteilende Tun Gottes, ist Grund und Ziel für sein Schöpfungswerk, ist der alles umfassende Grund für seine Gnade, seine Treue, seine Barmherzigkeit und seine Menschenfreundlichkeit. Sie ist Grund für das beziehungsstiftende, das befreiende, das erlösende Handeln Gottes. Es ist überflüssig, dies mit biblischen Stellen zu belegen, die Bibel als Ganze ist hierfür Schriftbeweis, die Menschheit als Ganze existierender Hinweis auf das liebende Wesen Gottes. Im Buch Hohelied findet sie wunderschönen literarischen Ausdruck, das Buch, das zum Pessachfest verlesen wird, weil es den Grund für Gottes befreiendes Handeln beschreibt.

Verheißung ist alles. Thora ist Verheißung. Das Land ist Verheißung. Das Volk ebenfalls. Jerusalem ist Verheißung. Und Bethlehem die kleine Schwester. Abraham ist Träger der Verheißung, vor ihm Noah, ja der in der Genesis geschaffene Mensch als solcher, als Gegenüber Gottes, als Ziel des schöpferischen Handelns selbst. In dieser Reihe finden wir auch Naomi, finden wir Rut, dann David. Und wir Christen auch Maria und mit ihr Jesus von Nazareth. Die Verheißung steht nie allein. Sie, als Gottes Versprechen, wird begleitet durch einen Segen und ist eingebunden in einen Bund zwischen Gott und einem jeweils neuen Gegenüber, einem ‚Du'. Wie Gott immer wieder neu verheißt, erfüllen sich seine Verheißungen immer wieder neu, lösen dabei aber eine vorhergehende nicht ab, sondern konkretisieren sie, aktualisieren sie, sprechen hinein in eine jeweils neue Situation, in eine jeweils neue Zeit, in einen jeweils neuen Ort. Verheißung ist dynamisch, so auch ihre Erfüllung. Nie abgeschlossen, sondern nach vorne hin offen, auch offen für einen Neuanfang.

Diese drei Begriffe nun auf dem Hintergrund der Gottesgeschichte mit den Menschen reflektiert und in das Buch Rut hineingestellt, lässt mich zu der Beobachtung kommen, dass wir im Buch Rut in zusammenfassender Form ein Gleichnis für Gottes Geschichte mit Israel finden. Einer Geschichte, die in durchlittenen Tiefen des Leids und erlebten Höhen des Glücks Gottes barmherzige Führung durch die Zeiten zum Ausdruck bringt.
Und ihren Höhepunkt findet sie im 3. Kapitel, in der idealen Beschreibung der Begegnung zweier Menschen, die weder romantisch verklärend, noch fromm überhöhend von der Liebe schreibt, die etwas ganz Normales, etwas ganz Menschliches und darum etwas Wunderbares ist und hierbei ein Beziehungsmodell anbietet, was als sehr nachahmenswert erscheint, vielleicht sogar als das Beziehungsmodell, wie Gott sich Beziehungen zwischen Menschen und zwischen Menschen und ihm vorstellt.

Sich anvertrauen

1. Zwei Frauen vertrauen sich einander an

Das 3. Kapitel ist ganz und gar vom Handeln der beiden Frauen bestimmt. Naomi hat einen Plan. Ihre Schwiegertochter soll erneut heiraten, ein neues Zuhause finden. Naomi sorgt sich um das Wohlergehen von Rut. Sie liebt Rut und möchte, dass ihr Leben eine neue Perspektive erhält. Auch weiß Naomi, dass ihr zukünftiges Schicksal sehr eng mit dem der Rut verknüpft ist. Es geht um ihre gemeinsame Zukunft. Und Rut soll den Plan ausführen.
Es ist Boas, den Naomi für Rut auserwählt hat. Und Naomi scheint zu wissen, was Männern gefällt, weiß auch, dass es besser ist, nichts dem Zufall zu überlassen, sondern in Liebesdingen, wenn sie gelingen sollen, selbst aktiv zu werden. Und das muss sorgfältig geplant werden. Naomi wählt Tag und Ort der entscheidenden Begegnung zwischen Rut und Boas aus. Und sagt Rut, wie sie sich auf dieses Treffen vorbereiten soll. Und Rut gehorcht. *Ich werde alles so machen, wie du es gesagt hast.* (3,5). Es ist schön zu lesen, welche Mühe sich die beiden Frauen geben, endgültig das Herz des für Rut ausgewählten Mannes zu erobern. Beide wissen, wie Verführung gelingen kann und was dazu nötig ist.
Die beiden Frauen wissen sich auf eine sehr wohltuende Art miteinander verbunden und eins in der Verfolgung ihrer Vorhaben. Ihre Harmonie erweckt den Eindruck, als ob ihre Rollen austauschbar scheinen, als ob es sich um ein und dieselbe Person handelt, die sich lediglich in ihrem Alter oder in zeitlicher Distanz voneinander unterscheiden, oder anders ausgedrückt, zwei Wesen ein und derselben Person, die eine Geist, die andere Körper. Die eine denkt und schlägt vor, die andere tut. Es könnte auch umkehrt sein. Und Rut, die tut, weiß: das, was sie tut, kommt ihr und der anderen zugute. Ihre Rollen sind fließend, gehen ineinander über. Es ist das gegenseitige Vertrauen, dass sich Auf-einander-einlassen-können, ohne Furcht, ohne Sorge enttäuscht, betrogen zu werden, das die Grundlage ihrer Beziehung ist. Eine kann der anderen vertrauen und weiß: was ich auch immer für die andere, mit der anderen und bewegt durch die andere tue, es wird ihr gut tun. In ihrer Beziehung gibt es kein Oben oder Unten, kein Spiel von Macht und Unterdrückung oder Ohnmacht, von Befehl und Gehorsam. Es ist die gegenseitige Sorge, die gegenseitige Achtung, der Respekt, ihre Liebe, die sie füreinander empfinden und das Wissen, nur gemeinsam geht es weiter, gibt es Zukunft, was sie verbindet. Das macht die Schönheit, ja das Beispielhafte, das nachahmenswerte Ideal ihrer Beziehung aus, das ist die jeweilige Größe, die jeweilige Stärke, die jeweilige Charaktere der beiden Frauen und grundlegend für ihre Ethik, mit der sie den Problemen, die ihnen ihr Leben stellt, begegnen.
Am Ende des Kapitels 3 wird noch einmal die Sorge Naomis deutlich, ob all das, was überlegt wurde, auch gelungen ist. ‚*Wie ist es dir ergangen, meine*

Tochter?, fragt Naomi (3,16). Naomi fragt nicht: Ist unser Plan gelungen? Ist Boas deiner Verführung erlegen. Sie fragt: Wie ist es dir ergangen, meine Tochter. Es ist die Sorge um das Wohlergehen der Schwiegertochter, die Naomi interessiert. Ich hoffe, dir ist nichts Böses geschehen, ich hoffe, dir geht es gut? Das höre ich aus der Frage Naomis heraus. Und Rut kann sie beruhigen. Unbeschadet, ohne an Körper oder Seele verletzt worden zu sein, kehrt sie zurück. Im Gegenteil, reich beschenkt kehrt sie ins Haus der Schwiegermutter heim. Und da weiß Naomi endgültig. Boas ist der richtige Mann für die Frau ihres geliebten, aber zu früh gestorbenen Sohnes. Selbst beruhigt, beruhigt sie Rut: *‚Bleib nun hier, meine Tochter, und warte ab, wie die Sache ausgeht. Der Mann wird nicht ruhen, bis er sie noch heute geordnet hat.'* (3, 18).

2. Ein Mann traut sich auch

Und das sich Gegenseitig-Anvertrauen, das die beiden Frauen wie ein schützender Mantel umgibt, überträgt sich nun auch auf Boas. Ich lese noch einmal diese wunderschöne Szene, die einmal mehr unterstreicht, weshalb Johann Wolfgang von Goethe des Büchlein Rut als das ‚Lieblichste kleine Ganze' beschreibt. *‚Als Boas gegessen und getrunken hatte, legte er sich gutgelaunt und zufrieden am Rand des Getreidehaufens schlafen. Leise ging Rut zu ihm hin, schlüpfte unter die Decke und legte sich neben ihn. Um Mitternacht schrak Boas auf und tastete um sich. An ihn geschmiegt lag – eine Frau. „Wer bist du?", fragte er und bekam die Antwort: „Ich bin Rut, deine Sklavin! Breite deinen Gewandsaum über mich und nimm mich zur Frau; du bist doch der Löser!" Boas erwiderte: „Der HERR segne dich! Was du jetzt getan hast, zeigt noch mehr als alles bisher, wie treu du zur Familie deiner Schweigermutter hältst. Du hättest ja auch den jungen Männern nachlaufen können und jeden bekommen, ob arm oder reich. Nun, meine Tochter, sei unbesorgt! Ich werde tun, worum du mich gebeten hast. Jeder in der Stadt weiß, dass du eine tüchtige Frau bist. Doch da ist noch ein Punkt: Es stimmt zwar, dass ich ein Löser bin und dir helfen muss; aber es gibt noch einen zweiten, der den Vortritt hat, weil er näher verwandt ist als ich. Bleib die Nacht über hier! Morgen früh werde ich ihn vor die Wahl stellen, ob er der Verpflichtung nachkommen will oder nicht. Wenn nicht, werde ich es tun. Das verspreche ich dir, so gewiss der HERR lebt. Bleib jetzt liegen bis zum Morgen!"*

Rut geht zu Boas, schlüpft unter seine Decke, legt sich zu ihm. Sie kennt ihn kaum und liefert sich ihm aus. Sicher weiß sie, dass sie Naomi vertrauen kann, einen guten Mann für sie gewählt zu haben. Aber konnte sie sich sicher sein?

Doch Boas weiß um Würde der Frau, um ihre Ehre, um deren und ihre Verletzlichkeit. Und achtet sie. Zunächst erschrickt er. Und dann kann er es kaum glauben: neben ihm, an ihn geschmiegt liegt eine Frau. Kein Gedanke daran, die Situation auszunutzen, kein Gedanke daran, dass er, nachdem er erfährt, dass es Rut ist, von deren Abhängigkeit, deren Armut, ja deren

Unterwürfigkeit profitiert, in der sie ihm begegnet. Nein! Und jetzt sage ich etwas, was Frauen vielleicht gerne erfahren würden und was viele Männer vielleicht erst verstehen lernen müssen: Boas bleibt Mann in seiner Vorsicht, mit der er Rut begegnet, mit der er sich ihr nähert. Er bleibt Mann in der Sensibilität, mit der er auf Ruts Frage eingeht. Er bleibt Mann, weil er nicht ergreift, was Rut ihm anbietet, weil er nicht fordert, sondern eher zärtlich ist, weil er nicht die Selbstbestätigung sucht, sondern sich ganz und gar der Frau öffnet, die an seiner Seite liegt, nicht die Gelegenheit schamlos ausnutzt, die Zärtlichkeit, mit der Rut sich an seine Seite legt, mit Gewalt beantwortet, sie nicht als Objekt seiner Begierde, sondern als sein ‚Du' zu seinem ‚Ich' betrachtet. Und nimmt bei alledem an seinem Mann-Sein keinen Schaden. Im Gegenteil! Denn Männer dürfen Männer bleiben, auch in der Begegnung mit Frauen. Boas kann sich ‚auf das Wesen und das Wort, auf die Liebe und das Leben, auf Ansicht und Absicht einer Frau einlassen'[105], sich ihr anvertrauen, ohne sich selbst aufzugeben. Er muss sich nicht selbst definieren. Er kann sich durch die Frau definieren und bleibt, ja ist dabei Mann. *‚Ich werde tun, worum du mich gebeten hast.'* (3, 11), sagt Boas zu Rut. Ein Mann darf sich trauen, sich einer Frau anzuvertrauen und muss dabei Strukturen in Beziehungen, in Partnerschaften, in Ehen keinen Raum lassen, die überkommen sind, die Gewalt provozieren, die Unterdrückung manifestieren und die - oft als Verantwortung getarnt - Abhängigkeit bedingen. Ein Mann darf sich auf eine neue Ethik der Beziehung einlassen, auf eine Ethik der Zärtlichkeit.

Die Erlösung aus Liebe verheißt neues Leben

1. Die Liebe begründet eine Ethik der Zärtlichkeit

Diese aber hat zur Voraussetzung die Liebe. Die Liebe zwischen ‚Ich' und ‚Du', zwischen ‚Du' und ‚Ich', zwischen mir und einem/einer anderen und umgekehrt. Die Liebe, die grundsätzlich mein Verhalten, mein Denken, mein Verstehen, mein Fühlen, mein Reden, mein Tun, mein Handeln einem anderen Wesen gegenüber bestimmt, bestimmen soll. Liebe ist Thora, ihre Summe, ihr Zentrum, ist Weisung, weist mich an ein anderes, an einen anderen, an eine andere in liebevollem, in zärtlichem, in respektvollem und würdevollem Umgang mit ihm, mit ihr, sei es Gott, sei es Mensch, sei es Tier, sei es Pflanze oder die Welt als Ganze. Liebende Begegnung geschieht auf verschiedenen Ebenen, hat verschiedene Intensität, weiß um den göttlichen Gedanken, der dem/der jeweils anderen innewohnt und kann in unendlich naher Intimität ihr Ziel finden.

Die Liebe ist Grundlage einer Ethik der Zärtlichkeit, in der wir Naomi und Rut sich einander anvertraut finden, sich zu einander verhalten, sich begegnen

[105] Vgl. Jürgen Seim, in: Klaus-Peter Jörns, a. a. O. S. 16

sehen. Und noch einmal auf einer anderen Ebene und in intimerer Intensität bestimmt sie die Begegnung zwischen Boas und Rut und bestimmt sie von Anfang an. Auf dem Feld erblickt er sie sofort, ist neugierig, fragt, fragt nicht sie selbst, sondern in Respekt des Mannes vor der fremden Frau fragt er seine Arbeiter: „*Wohin gehört diese junge Frau?*" (2, 5). Erst dann beginnt er mit ihr ein Gespräch, lädt sie ein, auf seinem Feld zu bleiben, von ihrem Wasser zu trinken, gemeinsam mit ihm zu essen. Liebe auf den ersten Blick, die auch dem zweiten, dem dritten standhält, die in der Begegnung auf der Tenne ihre Fortsetzung findet in sich nähernder Distanz, in gegenseitigem sich Aufeinander-Einlassen und sorgendem Wohlergehen des/der anderen. Und in der Vorsicht ihrer Begegnung, im sensiblen Abtasten ihrer gegenseitigen Gefühle und Gedanken, in der Ruhe und Gelassenheit, in der dies alles geschieht, verliert sich keiner. Nein! Beide gewinnen, gewinnen das ‚Du' und damit Freiheit für sich selbst und für den anderen, gewinnen hoffnungsvolle Perspektive für die Zukunft. Ihre Liebe findet ihr ‚Du', den Zwilling ihrer Seele.

2. Die doppelte (Er)Lösung

Und es ist die Liebe, die aus der Lösung, der Einlösung juristischer Pflicht und Schuldigkeit, Erlösung bewirkt. In der liebenden Begegnung wird Form als Hülle entlarvt und der Inhalt, das Wesen der Begegnung, kommt zum Vorschein.

Boas erlöst Rut aus ihrer Armut. Und ihre Armut hat mehr als ökonomische Qualität. Boas wird ihr Partner, wird ihr liebender Ehemann. Er befreit sie aus der Einsamkeit, dem Leben ohne Hoffnung, ohne Perspektive der Witwe. Letztendlich ist er es, der sie aus der Isolation des Fremdseins, des Ausländerin-Seins löst und ihr nicht nur ein neues Zuhause, sondern auch Heimat gibt, sie in seine Familie integriert und damit in sein Volk und in dessen Tradition und somit auch in den Segen, den Gott seinem Volk verheißen hat. Und er ist es, der Rut ermöglicht, ein Kind zur Welt zu bringen und damit ihre Stellung als Frau in dieser von Patriarchen geprägten Gesellschaft einzunehmen und zu erfüllen, die ihr bisher versagt geblieben war.

Und, auch der Gedanke sei zu sagen erlaubt, es ist Rut, die Boas erlöst. Denn sie begegnet ihm mit dem Modell einer bis dahin vielleicht noch nicht bekannten, aber für sie schon bewährten Partnerschaft, die sie mit Naomi, ihrer Schwiegermutter, eingeübt und gelebt hat. Dieses bringt sie nun als ihre Vorstellung von Beziehung in die Begegnung mit Boas ein. Und welche Qualität ein solches Beziehungsmodell hat, darüber spricht man schon in Bethlehem (2, 11f), auch dies macht Rut zu einer interessanten, den Boas sehr interessierenden Frau. Und Boas lässt sich darauf ein und wird erlöst aus dem Zwang, patriarchalischer Vorstellungswelt genügen zu müssen. Und damit und in diesem Sinn wird ihre Beziehung zum Modell von Partnerschaft und Ehe zwischen Mann und Frau.

3. Eine dreifache Verheißung

Es bleibt am Ende die eine Verheißung, die sich zunächst im großen König David erfüllt. Sie schreibt sich aber fort, zieht neue Kreise, wird zur Hoffnung auf den Messias (Jes. 11, 1ff), der wie ein Spross aus dem Baumstumpf Isais wächst. Der wird, vom Geist des HERRN erfüllt, den Entrechteten zum Recht verhelfen, sich für die Armen einsetzen und alles Böse von dieser Welt verbannen, damit endlich die Herrlichkeit Gottes vom Zion in alle Welt ausstrahlt.

Eine andere Verheißung aber galt schon Naomi, die treu zu ihrem Gott hielt, und die darum nie der Mut und die Hoffnung auf ein erfülltes Leben verließ, die, wenn auch auf sehr steinigen Wegen, spüren durfte, was Verheißung heißt, nämlich dass sie die Fürsorge Gottes begleitete, wohin sie auch ging, dass Gottes Barmherzigkeit und seine Solidarität mit den Armen keine abstrakten dogmatischen Theorien sind, sondern dass Menschen sie am eigenen Leib ganz konkret erleben können.

Eine dritte Verheißung gilt der Liebe, die in der Begegnung von Menschen erlösen und befreien kann aus all dem, was arm macht: aus festgefahrenen Strukturen, aus ungerechten Verhältnissen, aus der Angst zu verlieren, aus der Sorge, sich aufzugeben, aus dem Gefängnis von Unsicherheit und Ohnmacht. Die Verheißung gilt der Liebe, die neues Leben schafft, in dem unzählig viele Verheißungen verborgen, aber im Keim schon vorhanden sind.

Gottes zärtliche Berührung[106]**.** Eine Untersuchung zur Frage, ob der Begriff der ,Zärtlichkeit' ein biblischer Begriff ist und, wenn ja, ob er zu einer Neuorientierung der christlichen Ethik helfen könnte.

Der Weltgebetstag der Frauen 1999

Am 5. März 1999 wurde der Weltgebetstag der Frauen[107] gefeiert. Für dieses Jahr hatten Frauen aus Venezuela die Liturgie vorbereitet. Sie wählten das Thema ,Gottes zärtliche Berührung' (God's tender touch). Lieder, Gebetsrufe und biblische Texte konfrontierten das von den Frauen gewählte Thema und seine theologische Bedeutung mit der von den venezolanischen Frauen erlebten, ja man wird sagen müssen, oft eher erlittenen Realität in ihrem Land.

Wer versucht, sich ein wenig in die politische und gesellschaftliche Situation Venezuelas hineinzudenken: der natürliche Reichtum des Landes, die herrlichen Landschaften, die bunte Vielfalt venezolanischen Lebens auf der einen Seite, verglichen mit dem alltäglichen Kampf ums nackte Überleben der meisten, mit dem von wenigen Männern ausgeübtem Terror, mit der Situation der Frauen, die von Geburt an, wenn sie es überhaupt vermögen, gegen die Widrigkeiten des ihnen aufgetragenen Lebens und gegen ihre Diskriminierung kämpfen, den wird das von den Frauen aus Venezuela gewählte Thema des Weltgebetstages 1999, mit dem sie sich bei den anderen Frauen der Welt zu Wort melden, zunächst einmal verblüffen, ja, dem wird es vielleicht sogar die Sprache verschlagen.

Gottes zärtliche Berührung, ein hermeneutischer Schlüssel der Venezolanerinnen zum Verstehen, ja zum Leben, besser vielleicht zum Überleben in ihrer von wenig Mächtigen, in ihrer vor allem patriarchalisch geprägten Gesellschaft und dies in einem kirchengeschichtlichen Umfeld, das Kirche oft an der Seite der wenigen Mächtigen und Unterdrücker stehen sah, dieses Bekenntnis zum zärtlichen Gott kann in unseren Tagen nur ein von Frauen eingebrachtes Bekenntnis sein. Denn es übersteigt die bis in unsere Tage hineinreichende patriarchalische, früher auf Gewalt und Macht setzende Struktur der Kirche und ihr theologisches Denken. Denn deren Männerdominanz prägten christliche Theologie und Bekenntnisse und ließen für den Gedanken an Gottes zärtliche Berührung in Kirche und Gesellschaft keinen Raum.

Dass etwa zu gleicher Zeit unabhängig von den Frauen in Venezuela Frauen in Italien, auf der anderen Seite der Weltkugel, beginnen, über eine ,Ethik der Zärtlichkeit' nachzudenken, und ob die Zärtlichkeit ein biblischer Begriff sei

[106] Um nachfolgende Untersuchung bat mich eine Gruppe von Frauen, die dem Mailänder Frauenbuchladen (www.libreriadelledonne.it) assoziiert ist.

[107] Der Weltgebetstag der Frauen ist eine der großen ökumenischen und seit über 100 Jahren regelmäßig wiederkehrenden Veranstaltungen, die inzwischen in fast allen Ländern der Welt am ersten Freitag im März gefeiert wird.

und möglicherweise helfen könnte, über eine christliche Ethik, die immer mehr an Boden, an Akzeptanz, ja auch an Authentizität verliert, neu zu nachzudenken, sie vielleicht sogar neu zu orientieren, zu bereichern, erstaunt wegen der zeitlichen Parallelität und könnte deutlich machen, dass im Buch der Theologie eine neue Seite aufgeschlagen wird, die ihre von Männern gedachte und geprägte Vorgeschichte, wenn überhaupt, nur noch partiell aufzunehmen bereit ist, sich eher an Nebensträngen (zB. in der Mystik) denn an dogmatisch theologischen Hauptströmungen orientiert, sich aber in guter humanistische Tradition den Quellen direkt zuwendet, und nicht mehr länger das ihnen nur in Flaschen abgefüllte, oft abgestandene Wasser zu konsumieren bereit ist.
Dass ich als Mann zum Mit-Nachdenken über Zärtlichkeit eingeladen wurde, dass ich auf diesem Weg Begleiter sein darf, ehrt und freut mich und macht mich dankbar in gleicher Weise.
Bevor ich nun der Frage nachgehe, ob die Zärtlichkeit ein biblischer Begriff ist, möchte ich mir klar darüber werden, was ich mit Zärtlichkeit meine, wenn ich nach ihrem Begriff suche, denn nur so werde ich sie oder ihren Begriff in den biblischen Texten finden. Daran anschließend werde ich versuchen, sie als eine Möglichkeit ethischer Neuorientierung zu buchstabieren, begreifbar und somit verstehbar zu machen.

Zärtlichkeit ist die Seele der Liebe

Zunächst frage ich mich, ob das Wort ‚Zärtlichkeit', ob die Zärtlichkeit überhaupt begrifflich zu begreifen, zu fassen ist. Sicher, sie muss zu fassen sein. Und doch, sie wehrt sich jeglicher linguistischer Begrifflichkeit, jeglicher Konzeptionalisierung, jeglicher Dogmatisierung, weil sie offen und kreativ bleibt für das Geschehen zwischen einem ‚Ich' und einem ‚DU', zwischen zweien, die sich im ‚Gegenüber', in einem ‚Miteinander', als ein ‚Gemeinsam auf dem Weg' verstehen, wobei die zwei nicht unbedingt, aber numerisch auch sehr viele sein können. Sie ist auch subjektiv, nie zu objektivieren und darum ist ihre Beschreibung auch eine subjektive und darum immer und immer wieder neu zu betrachten und zu ergänzen.

So möchte ich eine <u>erste</u> These formulieren:

Zärtlichkeit ist Erleben.

Sicher, man kann sie beschreiben, sie in Worte zu fassen versuchen. Trotzdem, jeder dieser Versuche bliebe nur im Vorletzten, reiche nur an sie heran. Denn letztlich und in ihrer Fülle kann sie nur ‚ge-lebt' und ‚er-lebt' werden.
Daraus ergibt sich ein <u>zweiter</u> Satz:

Da Zärtlichkeit sich im Erleben manifestiert, liegt in ihr eine dynamische, ja sogar eine kreative, eine verändernde Kraft, ja sie beseelt das Leben.

Zärtlichkeit ist nicht zu definieren, ist nicht etwas, auf was man den anderen/die andere festlegen kann. Sie lebt, weil die, die sie erleben und/oder erleben lassen, leben, und so ist sie jedes Mal neu, weil der Moment, in dem sie erlebt oder geschenkt wird, immer wieder neu, immer wieder anders ist. Darum ist Zärtlichkeit auch eine schöpferische (kreative) Kraft, die nicht reproduziert, sondern neu schafft. Und indem Zärtlichkeit im Moment Neues schafft, verändert sie, verändert sie zum Positiven hin und beseelt das Leben dessen/der, dem/der ich mich zärtlich zuwende.
Dies wird umso deutlicher, und hier folgt ein dritter Satz, wenn gesagt wird:

Zärtlichkeit transportiert Liebe.

Zärtlichkeit an und für sich wird es nicht geben, sie kann nicht aus sich selbst heraus verstanden werden, sondern sie ist nur im Bezug zur Liebe, nur im Zusammenhang mit der Liebe zu verstehen, mit der Liebe, die ich einem oder mehreren Menschen oder sonst irgendetwas gegenüber empfinde und zuwende. Zärtlichkeit ist ein Weg, auf dem sich Liebe ausdrücken, manifestieren kann. Und dies tut sie auf sehr unterschiedliche Weise.
Und hier komme ich zu einem vierten Satz:

Zärtlichkeit ist Kommunikation, d. h. sie vermittelt, trägt Liebe durch Worte, durch Gesten, im Handeln und Tun.

Nur in Worten, Gesten, durch Handeln und Tun kann ich meinem Gegenüber mitteilen, dass ich es/sie/ihn liebe. Ansonsten wäre Liebe lediglich behauptet, nicht empfunden, nur ein Begriff, nicht erlebt.
Und daraus ergibt sich eine weitere (5.) These:

Liebe bedarf der Zärtlichkeit.

Denn wie könnte sie sich sonst mitteilen, wie könnte sie sonst ihr Begriff-Sein in Empfinden verwandeln? Ja, Liebe ohne Zärtlichkeit wird es nicht geben. Das gleiche gilt auch umgekehrt: Zärtlichkeit ohne Liebe wird es nicht geben.[108] An dieser Stelle möchte ich schon im Vorgriff eine für mich wesentliche Aussage formulieren, die mein Verhalten dem/der Nächsten gegenüber betrifft. Für mich ist die Liebe die einzige Art, in der ich mich zu meinem / meiner Nächsten verhalten soll. Liebe deinen/deine Nächsten/e! (3. Mose 19. 18; Lk. 10, 27)

[108] Es könnte im Folgenden der Eindruck entstehen, dass die Worte ‚Liebe' und ‚Zärtlichkeit' nicht immer eindeutig auseinandergehalten werden bzw. zu unterscheiden sind. Aber das liegt vielleicht in beider Natur.

wäre somit für mich die ethische Grundmaxime. Ich werde es später noch weiter ausführen.
Ich komme zu einem weiteren Satz (6. Satz):

Liebe wird durch die Zärtlichkeit von etwas Verborgenem zu etwas Offenbaren. Es ist gerade die Zärtlichkeit, die die Liebe[109] *als etwas Abstraktes zu etwas Konkretem verwandelt und sich damit einem Konkreten, einem ‚DU', zuwendet.*

Darum ist Zärtlichkeit in erster Linie ‚DU'-orientiert, findet im ‚DU' ihr Gegenüber, den Adressaten der Liebe.
Und dies allein und ausschließlich zu dem einen Zweck, den ich nun als 7. Satz formuliere:

Zärtlichkeit soll und will und wird nichts anderes als dem anderen/der anderen gut tun, ihn/sie meiner Liebe vergewissern.

Und dies enthebt die Zärtlichkeit jedem Zweifel nicht aufrichtig, nicht ehrlich zu sein, nur den eigenen Vorteil zu suchen, den anderen/die andere nur zu gebrauchen oder ‚DU' und ‚ICH' zu verwechseln. Zärtlichkeit ist nicht zweckfrei, sondern findet darin ihre Erfüllung, dem anderen/der anderen etwas Gutes, etwas Schönes zu tun, dass ihm/ihr gefällt, ihm/ihr gut tut.
Aber, und so will ich einen achten Satz formulieren:

Zärtlichkeit bedarf der Voraussetzungen, die sich im Blick auf das Gegenüber, dem ‚DU' definieren.

Denn nur wenn ich mein Gegenüber, das ‚DU', mit Respekt, mit Achtung, ihn/sie/es in seiner/ihrer von Gott her geschenkten Würde betrachte, wird die Zärtlichkeit zur Seele der Liebe.

So schließe ich hiermit meine ersten Betrachtungen über die Zärtlichkeit ab wohl wissend, dass sie sehr subjektiv und ganz und gar nicht vollständig, ja ganz und gar unvollständig sind. Eine Begriffsfindung ist mir, wie konnte es anders sein, nicht gelungen, aber einen Weg habe ich beschrieben, der mir hilft, danach zu fragen, ob es für diesen Weg in der Bibel Entsprechungen gibt, ähnliche Wege, die Gott selbst, oder Väter und Mütter im Glauben beschritten haben.

---

[109] Meines Erachtens ist Liebe solange nur ein Begriff, solange sie nicht umgesetzt wird in konkretes Handeln, konkretes Verhalten. Liebe heißt lieben, oder sie bleibt abstrakt.

Ausdrucksformen der Zärtlichkeit

Bevor ich mich auf die Suche nach diesen Wegen begebe, möchte ich zuvor darüber nachdenken, wie sich Zärtlichkeit äußert, durch welche Formen sie die Liebe transportiert.

Oben sprach ich davon, dass Zärtlichkeit sich in Worten, in Gesten, im Handeln vermittelt. Dies bedarf der Konkretisierung.

Wenn ich mich einem ‚DU', einem ‚ES' zuwende, und ich es als das betrachte, was es für mich ist, nämlich einem, wenn es sich um einen Menschen handelt, von Gott her mit Würde ausgestattetem Wesen, oder, wenn es Teil hat an der Geschöpflichkeit der Welt, ein Sein, in dem mehr oder weniger Göttlichkeit wohnt, denn in jedem Geschaffenen atmet die Seele des Schöpfers, ist Teil von ihm, dann darf ich nicht anders, dann kann ich nicht anders, als mich ihm/ihr liebend zuzuwenden. Sicherlich geschieht das in unterschiedlichem Maße, in unterschiedlicher Intensität. Dem mir sympathischen Menschen werde ich größere Zärtlichkeit entgegenbringen können, als dem mir weniger sympathischen. Dem geliebten Menschen werde ich all meine Zärtlichkeit schenken, die ich zu empfinden vermag. Die Katze, die bei mir wohnt, der ich einen Namen gegeben habe, werde ich zärtlicher behandeln als den Hund, der mich auf der Straße anbellt. Die Pflanze in meinem Wohnzimmer betreue ich zärtlicher, als den Baum, der in der Anonymität des Waldes unauffällig und trotzdem lebt. - Ich wähle diese Beispiele bewusst, um den ‚ökumenischen' Horizont zu beschreiben, um den es bei diesem Thema geht. – Das bedeutet: keinem Menschen, auch nicht dem, der mir Böses will und tut, keinem Lebewesen, so neutral ich ihm auch immer gegenüberstehen werde, darf ich meine Zärtlichkeit vorenthalten, wenn es darum geht, und darum kann es nur gehen im menschlichen Miteinander, im Verhalten zueinander, im Zusammenklang allen Geschöpflichen, dem ‚DU', dem ‚ES', in Liebe zu begegnen. Denn wie anders könnte ich ihm/ihr meine Liebe mitteilen, wenn nicht durch Zärtlichkeit. Gewollte Nähe oder vorhandene, gebotene oder auch aufgebaute Distanz werden die Intensität der Zärtlichkeit bestimmen. Notwendigkeit, das Bedürfnis des/der anderen nach Zärtlichkeit, nach Nähe werden wichtig sein, auch, wie der/die andere meine Zärtlichkeit zulässt, denn sie darf niemals als ein Akt der Gewalt, der Macht verstanden und erlebt werden, die den/die anderen/e ohnmächtig, vielleicht sogar Opfer werden ließe. Genau das Gegenteil sollte sie begründen. Zärtlichkeit sollte emanzipieren, sollte befreien von Ängsten und Argwohn[110], sollte, wie oben gesagt, kreativ, konstruktiv, Leben fördernd, ja sogar neues Leben erweckend und darum schöpferisch sein.

Und darum beginnt Zärtlichkeit im Herzen, dort, wo sich im Körper die Sinnlichkeit manifestiert, wird zum Gedanken, zur Phantasie und fließt sofort

[110] Vgl. hier den Aufsatz von Kurt Marti, Theologie der Zärtlichkeit? In: Almanach 10 für Literatur und Theologie. Thema: Zärtlichkeit, Wuppertal, 2. Auflage 1977. S. 25.

wie ein Strom in Finger, in Hände, in Arme, in Beine, ja in den ganzen Körper. Berühren, fühlen, streicheln, in den Arm nehmen, Hände halten, drücken, küssen, sind Ausdrucksformen der Zärtlichkeit. Darüber hinaus auch Worte: gesprochene, geflüsterte, gehauchte, dann auch geschriebene. Vielleicht ist sogar das Wort die ursprünglichste Ausdrucksform der Zärtlichkeit, solange es ein gutgemeintes, einladendes, öffnendes, befreiendes, beruhigendes, schöpferisches, kreatives, ein positives Wort ist. Und erst, wenn das Wort nicht mehr ausreicht, die Liebe zu tragen, sie zu transportieren, setzt sie im Nonverbalen ihren Weg zum ‚DU', zum ‚ES' fort, im Streicheln, im Berühren, im In-den-Arm-nehmen. Dazwischen aber, gleichsam als Brücke zwischen Wort und Tun, stehen Gesten: das Lächeln, der Blick, das aufmerksame Zuhören[111], auch Hände zum Segen erhoben und einladende Hände.
Könnte es sein, dass alles Schöpferische[112] und alles Geschaffene, wenn es ursprünglich und authentisch ist, aus der Zärtlichkeit entspringt, aus dem kreativen Willen, Liebe zu teilen, sie mitzuteilen, zu kommunizieren, und sie dann auch zu konkretisieren in einem schöpferischen Akt zu einem Geschaffenen?

Gottes zärtliche Berührung

Vielleicht ist schon deutlich geworden, dass ich inzwischen auf Wege eingebogen bin, die biblischen Wegbeschreibungen schon sehr nahe sind. Und doch: Wege der Zärtlichkeit in der Bibel zu entdecken, ist nicht einfach, weil sie nicht gleich offenbar sind, denn das Wort, der Begriff ‚Zärtlichkeit' kommt in der Bibel nicht vor. Und so könnte ich in den Schriften umherirren, ohne entsprechende Wege zu finden.

1. Linguistische Spurensuche

Es scheint ohnehin, dass dieses Wort ein ‚modernes' Wort ist. In der deutschen Sprache entsteht es in seiner substantivischen Form im Spätmittelalter, im 12. / 13. Jahrhundert, in einer Zeit, in der versucht wurde, das geistig-seelische Empfinden des Menschen, das bisher nur in lateinischer Sprache ausdrückt wurde, nun auch für die deutsche Sprache zu erarbeiten. Vor allem waren es die Mystiker, die für das Verhältnis des Menschen zu Gott, also für das eigentlich ‚Unsagbare', Worte finden mussten, um ihre Gedanken und Erlebnisse verständlich zu machen.
Die biblischen Schriften kamen mit anderen Begriffen aus, um das Verhältnis Gottes zu den Menschen, der Menschen zu Gott, der Menschen untereinander zu beschreiben. Die Hebräische Bibel (unser Altes Testament) spricht in

[111] Vgl. auch hier den Aufsatz von Kurt Marti, Hören als Grundform der Zärtlichkeit. In: Manfred Mai (hrsg), Zärtlichkeit läßt Flügel wachsen: für eine neue Lebensweise. Stuttgart, 1985, S. 169ff.
[112] vgl. auch den Aufsatz von Joachim-Ernst Berendt, Das Streicheln des Gottes Ogun, in: ebenda, s. 173ff,

unserem thematischen Zusammenhang vom Verb *,raham',* was so viel heißt wie ,jemandem in Liebe begegnen' oder ,sich jemandem erbarmen'. Es begegnet in seinem Stamm 120mal in den hebräischen Schriften. Das aus den Konsonanten abgeleitete Substantiv *,rähäm'* bezeichnet den ,Mutterleib' (Gen. 49,25 u. a.), das ,Erbarmen' (z. B. Amos 1, 11), die ,Eingeweide', als Sitz des zarten Mitgefühls, ja des Herzens (vgl. Gen 43,30). Vor allen Dingen meint es das Erbarmen oder die Barmherzigkeit Gottes (vgl. Jes. 63, 16 oder Ps. 79.8). Darüber hinaus beschreibt das Wort *,räsäd'* das Verhalten zu einem/einer Anderen zu dem / der ich in einem besonderen Verhältnis stehe, egal ob dies nun durch Verwandtschaft, Freundschaft oder durch einen Vertrag (Arbeitgeber – Arbeitnehmer) begründet ist. Wir würden es mit ,Treue', ,Solidarität', ja vor allem mit dem Wort ,Liebe' übersetzen (Hos. 6, 4; 6, 6). Hierher gehört auch das Wort *,hamal',* ,Mitleid haben' (Ex 2,6) und das Wort *,hus',* ,sich erbarmen' (Jona 4, 10), ,schonen', ,verschonen' (Jer. 13. 14).
Im Griechischen stoßen wir auf das Wort *,eleos'.* das wir in den Evangelien und Briefen des 2. Testaments an zahlreichen Stellen finden und hier das Mitleid, das Erbarmen und die Barmherzigkeit bezeichnen, die Menschen Menschen gegenüber empfinden, Gott und Christus (Mk. 6, 34) den Menschen gegenüber. Vor allem wird mit diesem Wort das von Gott in Christus den Menschen erwiesene Erbarmen bezeichnet (1. Petrus 1, 3). Eigenschaften wie Treue, ein Wort, das im Griechischen interessanterweise nur in seiner adjektivischen Form *,pistos'* begegnet, und Liebe *,agapä'* haben inzwischen eigene Worte ausgebildet.

2. Spuren der zärtlichen Berührung Gottes ...

Da ich also in den biblischen Schriften das Wort ,Zärtlichkeit' vergeblich gesucht habe und lediglich auf Worte gestoßen bin, die diesem, nur sehr differenziert betrachtet, nahe kommen, heißt es nun für unsere Untersuchung, damit zu beginnen, zwischen den Zeilen der biblischen Texte zu lesen, um die Wege der zärtlichen Berührung Gottes zu entdecken. Und hier beginne ich dort, wo Religionsgeschichte so häufig, konkret aber die Religion unserer Väter und Mütter beginnt, nämlich bei der Offenbarung Gottes.

- bei Abraham

Am Anfang[113] einer erlebten Erfahrung der zärtlichen Berührung Gottes steht die Berufung und Segensverheißung an Abraham (Gen. 12). Abraham erlebt die

[113] Ich bin mir bei den folgenden Überlegungen bewusst, dass sich im Laufe der Zeit das Gottesbild in den Schriften verändert hat, dass wir es ohnehin lediglich in der Reflektion der Überlieferung vor uns haben, in der unterschiedlichen Kommentierung geschichtlicher Ereignisse. Das Gottesbild der Geschichtsschreiber (zB. Gen. – 2. Könige) ist ein anderes als das der Propheten. Die älteren Propheten beschreiben Gott anders als die jüngeren. Die Dichtung (Psalmen bis Hohelied Salomos) verwendet wiederum andere, in sich wiederum

Offenbarung, die ihm und nur ihm geltende Zuwendung Gottes, vermittelt durch sein Wort, Gott, vielleicht existent bisher nur als Idee, als Abstraktum, wird für Abraham konkret. Er erfährt Gottes Liebe, Gott verspricht ihm seine Treue. Die Zuwendung Gottes verändert Abraham, verändert sein Leben radikal. ‚*wa`awaréch`cha*' (Ich werde dich segnen), sagt Gott und: ‚*wehjé b`rachá*', (Sei ein Segen!) Die zuwendende Offenbarung Gottes verheißt, verspricht dem Abraham Gottes Segen. Gott ruft den Abraham. Er will sich ihm bekannt machen, indem er dem Abraham etwas Gutes[114] tut, ihn seiner Liebe, die allen Menschen gilt, vergewissert. Und der Segen Gottes verändert den Abraham derart, dass er selbst zum Segen wird. Empfangene Zärtlichkeit verändert, setzt etwas in Bewegung, löst eine ‚Kettenreaktion' aus.
Ich denke, dass der Segen eine sehr wichtige Form der Zärtlichkeit ist, auch wenn es zwischen Segnendem und Gesegnetem eine mehr oder weniger große Distanz gibt. Ich komme später noch einmal darauf zurück.
Abraham erfährt Gott als den, der ihm etwas Gutes tun will, erfährt seine Liebe, erfährt ihn in seiner Zärtlichkeit, die ihm gilt, nur ihm. Und so wird er auch uns bekannt, als der Gott Abrahams.

- **bei Mose**

Dem Mose reicht es nicht mehr, Gott nur als den, der gut ist, der sein Volk aus der Knechtschaft befreien will, zu verkünden. So fragt er nach dem Namen Gottes (Ex. 3). Und Gott antwortete ihm: ‚*`ehjé `aschér `ehjé*' (Ich werde da sein, der ich immer da sein werde). Bei der Interpretation des Namens Gottes wäre es falsch, nach einer philosophischen Erklärung zu suchen. Hier geht es nicht um ein ‚Sein' an sich, sondern um Gottes für sein Volk ‚Da-Sein', um sein beim Exodus, in der Gefahr und überhaupt und immer ‚Dabei-Sein'. Selbst im Namen Gottes wird also seine Zuwendung zum Menschen manifest. Und was wäre Gottes Da-Sein für den Menschen, wenn es nicht ein den Menschen in Liebe betrachtendes, zärtliches für ihn Da-Sein wäre?

- **bei Elia**

Und ich finde eine dritte Spur der zärtlichen Selbstoffenbarung Gottes. Als der Prophet Elia in Todesangst vor der Königin Isebel flieht, sich in die Wüste zurückzieht um zu sterben, ruft ihn Gott zum Berg Horeb, in die Höhle, an der

---

unterschiedliche Bilder, um auf der einen Seite das Geheimnis des Unendlichen zu wahren, aber ihn und sein Handeln an den Menschen ihrer Zeit dennoch begreifbar zu machen.
Auch kann hier nur eine kleine, aber doch repräsentative Auswahl der Wege beschrieben werden, auf denen ich Spuren von Zärtlichkeit in den Schriften begegnet bin.

[114] Dies gilt auch oder gerade im Blick darauf, dass ursprünglich der Segen irdische Glücksgüter wie Kinder, große Nachkommenschaft und dadurch Reichtum beinhaltete, insbesondere aber auch im Blick auf die Erwählung Israels, wenn der Segen den geistig-ideellen Bereich umfasst (die Besonderheit des Volkes, zum Beispiel)

Gott sich schon dem Mose offenbarte. *,Und der Herr sprach: Gehe heraus und tritt hin auf den Berg vor den Herrn! Und siehe, der Herr wird vorübergehen. Und ein großer, starker Wind, der die Berge zerriss und die Felsen zerbrach, kam vor dem Herrn her; der Herr aber war nicht im Winde. Nach dem Wind aber kam ein Erbeben; aber der Herr war nicht im Erdbeben. Und nach dem Erdbeben kam ein Feuer; aber der Herr war nicht im Feuer. Und nach dem Feuer kam ein stilles, sanftes Sausen. Als das Elia hörte, verhüllte er sein Antlitz mit seinem Mantel und ging hinaus und trat in den Eingang der Höhle'* (1. Kön. 19, 11-13). Nicht in der Gewalt der Winde, die Berge zerreißen, nicht in der der Erdbeben oder des Feuers offenbart sich Gott dem Propheten. Nein! In einem stillen, sanften Sausen, im Flüstern, im Hauch.
Gibt es an anderer Stelle biblischer Schriften einen beweiskräftigeren, einen schöneren Ausdruck für die Zärtlichkeit Gottes, mit der er sich dem lebensmüden, dem sich in tiefer Depression und Hoffnungslosigkeit befindenden Elia offenbart und ihn herausreißt aus der Depression, ihm damit neuen Lebensmut gibt, ihn neu auf den Weg stellt, um für seinen Gott einzutreten?

Sicherlich wird Gott an anderen Stellen auch anders als der Zärtliche beschrieben, aber ich möchte feststellen, dass die Zärtlichkeit zu den wesentlichen Eigenschaften[115] gehört, mit der Gott beschrieben wird. Und es ist auffallend, dass uns von der Zärtlichkeit Gottes nicht an Nebenschauplätzen jüdischer Geschichte berichtet wird, sondern an Schlüsselstellen biblischer Geschichte. Abraham, Mose und Elia repräsentieren die großen Gestalten jüdischer Tradition über die Jahrhunderte hinweg bis in unsere Zeit hinein.

- in der Schöpfungsgeschichte

Ähnliches lässt sich feststellen, wenn ich zu einem anderen, nicht weniger wesentlichen Text komme, in dem Gottes Grundeinstellung zum Menschen beschrieben wird. Im Buch Genesis lesen wir, dass Gott die Welt erschuf, die Erde und in ihr den Menschen und ihn nach seinem Bilde, zum Ebenbild Gottes (Gen 1 + 2) schuf. Warum erschafft Gott die Welt, die Erde, die Menschen in ihr? Weil Gott ein schöpferischer, ein schaffender Gott ist. Und warum schuf Gott den Menschen, und anders als die Pflanzen und Tiere schuf er ihn zu seinem Bilde? Weil Gott sein allein sein als ,nicht gut' empfand. Selbst Gott ist einer, der ein Gegenüber braucht, ein ,DU', zu dem er sich verhalten kann, das er lieben kann. Ich denke, dass Gottes Liebe zum Motor, zum Beweggrund der Schöpfung wurde und dass diese im Menschen ihr Gegenüber, ihr ,DU' fand, dem sie nun gelten könnte. Schöpfung ist konkretisierte Zärtlichkeit, verwandelt die Liebe Gottes zu etwas Konkretem. So können wir zumindest für den zweiten

[115] Vielleicht wird an diesen Stellen deutlich, dass Gott Eigenschaften der in Israel und in seinem religiösen Umfeld verehrten weiblichen Gottheiten (Astarte, Aschera, die Himmelskönigin u. a.) übernommen hat.

Schöpfungsbericht (Gen. 2, 4a-25) sagen, dass die Schöpfung Gottes auf den Menschen hin zielt: Gott schafft sich ein Gegenüber, dem seine Liebe, seine Zärtlichkeit gelten kann. Weil Gott ein kommunikativer Gott ist, ein liebender Gott, erschafft er. Er schafft durch sein Wort, eine Geste der Zärtlichkeit. Gott schafft den Menschen, er formt ihn, bildet ihn aus einem Klumpen Erde, Gesten der Zärtlichkeit.

In Westafrika wird die Sage von Ogun, dem großen Gott der Künstler und Holzschnitzer erzählt[116]: *‚Du mußt dir vorstellen, Orischa Ogun – der Heilige Ogun – streichelt ein Holzstück, er streichelt es so lange, bis eine Figur daraus entsteht. Er streichelt nur einfach das Holz, er macht das ganz zart und ganz lange. Vom Streicheln entstehen Brüste und Bauch, Gesicht und Beine.‘*

In der biblischen Schöpfungsgeschichte haucht Gott dem Menschen am Ende den Odem des Lebens in die Nase und beseelt ihn dadurch. Und sofort, als er den Menschen in den Garten setzte, den er für ihn in Eden anpflanzte, weiß Gott, dass es nicht gut ist, dass der Mensch allein sei. Gott weiß, was es bedeutet, allein zu sein, kein Gegenüber zu haben, kein ‚DU‘. Und so, nachdem die Tiere als Partnerin, als Gehilfin des Menschen, nicht in Frage kamen, versetzte er den Menschen in einen Tiefschlaf, entnahm ihm eine Rippe, schloss die Stelle wieder mit Fleisch. Und aus der Rippe des Menschen formte Gott die Frau und brachte sie dem Menschen. Die liebende Sorge Gottes um sein Geschöpf, den Menschen, ermöglicht dem Menschen von Anfang an, ein Gegenüber zu haben, ein ‚DU‘, das der Mensch lieben kann, zu dem er zärtlich sein kann. Im Blick auf den Menschen denkt Gott nur an das eine, er soll es gut haben, ihm soll es gut gehen, dafür will ich sorgen. Zärtlichkeit ist der paradiesische Zustand und darum, weil vielleicht verloren, der immer wieder anzustrebende und neu zu gewinnende Zustand des Verhaltens zwischen Gott und Mensch und Mensch und Mitmensch.

- und Hosea

Aus der großen prophetischen Literatur der Schriften Israels wähle ich das Buch des Hosea, weil hier die Liebe, die verlorene Liebe, die Untreue des von Gott als Braut erwählten Volkes Israel, mit dem er sich wie in einer Ehe verbunden fühlte, zum zentralen Inhalt prophetischer Verkündigung geworden ist. Und wo Liebe ist, da ist auch Zärtlichkeit und wo verlorene Liebe ist, ist auch verlorene Zärtlichkeit. Ehebruch und Untreue erfährt Hosea an eigenem Leibe in der Ehe mit seiner Frau. Eigenes alltägliches Erleben verweben sich bei Hosea mit dem Wort Gottes, das er weiterzusagen hat. Im 11. Kapitel des Buches finden wir ausgesprochen, wie kaum an anderer Stelle der prophetischen Schriften, welche

[116] Vgl. im folgenden: Berendt, a. a. O., S. 173.

Empfindungen Gott für sein Volk hegte: *‚Als Israel jung war, hatte ich ihn lieb und rief ihn, meinen Sohn, aus Ägypten;... Ich lehrte Ephraim gehen und nahm ihn auf die Arme; aber sie merkten' s nicht, wie ich ihnen half... Wie kann ich dich preisgeben, Ephraim, und dich ausliefern, Israel? Mein Herz ist andern Sinnes, alle meine Barmherzigkeit ist entbrannt. Ich will nicht tun nach meinem grimmigen Zorn noch Ephraim wieder verderben. Denn ich bin Gott und nicht ein Mensch und bin der Heilige unter dir und will nicht kommen, zu verheeren'* (Hosea 11, 1ff.). Schwingt hier nicht die Zärtlichkeit als Eigenschaft Gottes zwischen jeder Zeile und verleiht jedem Wort die Spannung? Wird die Zärtlichkeit nicht ihm, dem Heiligen, eher zugestanden als den Menschen? Und mit ähnlich zart klingenden hoffnungsvollen Worten schließt dieses Buch: *‚So will ich ihre Abtrünnigkeit wieder heilen; gerne will ich sie lieben; denn mein Zorn soll sich von ihnen wenden. Ich will für Israel wie ein Tau sein, dass es blühen soll wie eine Lilie, und seine Wurzeln sollen ausschlagen wie eine Linde und seine Zweige sich ausbreiten, dass es so schön sei wie ein Ölbaum und so guten Geruch gebe wie die Linde. Und sie sollen wieder unter meinem Schatten sitzen; von Korn sollen sie sich nähren und blühen wie ein Weinstock. Man soll sie rühmen wie den Wein vom Libanon'* (Hosea 14, 5-8).

- **im Hohelied Salomos**

Was vielleicht bei Hosea, gerade zum Ende seines Buches, noch sehr verhalten ausgedrückt wird, finden wir im Buch Hohelied Salomos sehr poetisch formuliert. Diese Sammlung weltlicher Liebeslieder stammt aus dem 3. vorchristlichen Jahrhundert und gehört heute im hebräischen Kanon zu den Megillot, den Festrollen. Seit dem 8. Jahrhundert wird es zum Pessachfest verlesen, was angesichts seines weltlichen Inhalts verwundern könnte. Wenn es aber, so wie es zum Beispiel von Rabbi Aqiba als Allegorie der Frühzeit des Verhältnisses Gottes zu Israel, als Gott sein Volk aus Ägypten befreite, verstanden wird, erstaunt seine Lektüre im Frühjahr eines jeden Jahres nicht mehr. Es lohnte sich, auf einzelne Worte, auf einzelne Verse dieses Büchleins näher einzugehen. Verse vom Beginn, etwa der Mitte und Verse des Endes mögen repräsentativ für das Ganze stehen. So lesen wir im 1. Kapitel ab Vers 2: *‚Er küsse mich mit dem Kusse seines Mundes; denn deine Liebe ist lieblicher als Wein. Es riechen deine Salben köstlich; dein Name ist eine ausgeschüttete Salbe, darum lieben dich die Mädchen'*. In Kapitel 4 lesen wir: *‚Du hast mir das Herz genommen, meine Schwester, liebe Braut, du hast mir das Herz genommen mit einem einzigen Blick deiner Augen, mit einer einzigen Kette an deinem Hals. Wie schön ist deine Liebe, meine Schwester, liebe Braut! Deine Liebe ist lieblicher als Wein, und der Geruch deiner Salben übertrifft alle Gewürze. Von deinen Lippen, meine Braut, träufelt Honigseim. Honig und Milch sind unter deiner Zunge, und der Duft deiner Kleider ist wie der Duft des Libanon'* (Verse 9-11). Und zum Ende lesen wir: *‚Lege mich wie ein Siegel auf* *dein Herz, wie ein Siegel auf deinen Arm. Denn Liebe ist stark wie der Tod und Leidenschaft unwiderstehlich wie das Totenreich. Ihre Glut ist feurig und eine Flamme des Herrn, so dass auch viele Wasser die Liebe nicht auslöschen und Ströme sie nicht ertränken können'* (Hoheslied 8, 6f). Kann es ein schöneres, ein aussagekräftigeres Beispiel dafür geben, wie jüdische Tradition über die Zärtlichkeit Gottes, die seinem Volke galt, nachdachte. Und dass diese Verse zum Pessachfest verlesen werden, das ohne Zweifel das wichtigste Fest des jüdischen Kalenders darstellt, unterstreicht die Bedeutung vielleicht nicht nur des Inhalts dieses Buches, sondern auch dessen Form und wie sich die Liebe Gottes zu seinem Volk vermittelt? Gibt es eine deutlichere Spur für Gottes zärtliche Berührung?

Und doch ist und bleibt es schwer, auch in unseren Tagen, von der Zärtlichkeit Gottes zu sprechen, ohne Bilder zu verwenden.

- und in den Evangelien

Ein Blick in die Evangelien möge das bisher Gesagte unterstreichen. Und hier wende ich mich direkt einem Bild zu, das von der Zärtlichkeit Gottes erzählt und damit zum ureigensten Wesen christlichen Bekenntnisses gehört. Es ist die Geschichte von der Geburt Jesu, wie sie uns Lukas erzählt. Der Engel Gabriel (vgl. Lk. 1, 26ff) verkündet Maria, dass sie schwanger werden wird: *‚Fürchte dich nicht, du hast Gnade gefunden bei Gott. Du wirst schwanger werden und einen Sohn gebären... Der Heilige Geist wird über dich kommen, und die Kraft des Höchsten wird dich überschatten'*. Die Empfängnis Jesu, ein Geschehen zwischen Gott und Maria. Wie wir sie uns auch immer vorstellen mögen, kann sie in anderer Weise gedacht werden als Ausdruck von Gottes größtmöglicher Zärtlichkeit? Die Einwohnung Gottes in Maria, die Symbiose zwischen Mutter und Kind, kann es mehr Zärtlichkeit geben. Die Geburt, die ersten Stunden, die ersten Tage und Wochen nach der Geburt. Gott wird Mensch und erlebt als erstes die Zärtlichkeit eines Menschen, nämlich der Mutter. Paradox, sicher! Hier wird Zärtlichkeit zum Dialog.
Warum wird Gott Mensch? Eine Frage, die sich Generationen von Theologen gestellt haben und immer wieder stellen. Warum wird Gott Mensch?
Weil Gott der Ansicht ist, nur durch die Liebe die Welt zu retten (1. Joh. 4, 9), und die Menschen zu ihm zu bekehren. Keine Gewalt, kein Krieg vermag das Gute im Menschen zu wecken. Aber die Liebe, sie vermag, Berge zu versetzen und Verborgenes zu offenbaren. Und ist es darum nicht verständlich, dass der, der die Liebe ist (1. Joh. 4, 16b), selbst Mensch wird, um die Menschen zur Umkehr, zum Guten hin zu bewegen, um ihnen seine Liebe mitzuteilen, zu kommunizieren, damit die Liebe sie verändert, sie zu neuen Menschen, sie zu das Leben fördernden Geschöpfen macht?

Wen kann es also wundern, dass wir im Leben Jesu zahlreiche Hinweise auf Gottes zärtliche Berührung finden, die Jesus weitergibt, die Jesus mitteilt an die, die sie nötig haben, um ihr Leben zu verändern. Die Synoptiker erzählen von der Heilung des Aussätzigen (z. B. Mt. 8, 1ff). Der Kranke kommt zu Jesus, bittet ihn um Heilung. Jesus streckt die Hand aus und fasst ihn an. Und der Aussätzige wird rein. Was ist dieses Berühren des Kranken anderes als Ausdruck, als eine Geste von Zärtlichkeit? Ähnliches widerfährt der Tochter des Jairus (z. B. Mt. 9, 18ff). Sie ist tot. Jesus kommt zu ihr, ergreift ihre Hand und erweckt sie zu neuem Leben.[117] Der blutflüssigen Frau (z. B. Mt. 9. 20ff) reicht das Gewand Jesu zu berühren und sie wird gesund[118]. Markus berichtet von der Heilung des Blinden (Mk. 8, 22). Nachdem Jesus Speichel auf seine Augen getan hatte, legte er ihm die Hände auf und der Blinde konnte wieder sehen. Die Segnung der Kinder (Mk. 10, 13ff) wird gerade zu einem Paradebeispiel der Zärtlichkeit Jesu. Markus berichtet, wie Jesus die Kinder herzte und ihnen die Hände auflegte und sie segnete. Einen für uns heute ungewöhnlichen Ausdruck von Zärtlichkeit beschreibt Johannes in der Fußwaschung Jesu (Joh. 13, 1ff), die der Evangelist an die Stelle rückt, bei der wir bei den Synoptikern die Abendmahlsgeschichte finden. Und mit der Geschichte einer sehr intimen Berührung endet auch der Evangelist Johannes, einer zärtlichen Berührung die Erkennen, ja Wiedererkennen ermöglicht. Es ist die Geschichte von Thomas (Joh. 20, 24ff), der sich von der Auferweckung seines Herrn erst durch Berührung der Wundmale überzeugen lassen will.
Ich möchte zum Abschluss der Untersuchung der Evangelien aber noch auf einen Text eingehen, der zu den Schönsten gehört, die uns in evangelischer Überlieferung begegnen und vielleicht maßgebend dafür ist, wie die Evangelisten meinten, zu ihrer Zeit das grundsätzliche Verhalten Gottes den Menschen gegenüber beschreiben zu können. Es ist das Gleichnis vom Vater und seinen beiden Söhnen (Lk. 15,11ff). Es besteht kein Zweifel darüber, dass in diesen Versen der Vater für Gott steht, der heimkehrende Sohn für die Menschen, die zu Gott zurückkehren. Und darum ist es besonders eindrucksvoll zu lesen, wie zärtlich der Vater dem Sohn begegnet. Als er ihn von Ferne sah, jammerte es ihn, lief ihm entgegen und fiel ihm um den Hals und küsste ihn (V. 20). Sicher, ein Verhalten eines Vaters, zwischen Vater und Sohn, das noch nicht sehr lange, aber heute doch allgemein als normal betrachtet werden kann. Aber vor 2000 Jahren wohl kaum. Und darum ist die Zärtlichkeit in der Begegnung zwischen Vater und Sohn, von der Lukas schreibt, außergewöhnlich und wegweisend. Und, es ist gerade die Liebe, die sich in der Zärtlichkeit des Vaters ausdrückt, die die Schuld, das schlechte Gewissen des zurückkehrenden

---

[117] Vgl. die Heilung des Sohnes der Witwe durch Elia (1. Kön. 17, 17ff): Und Elia legte sich auf das Kind, rief den Herrn an und das Leben kehrte wieder in das Kind zurück, und es wurde wieder lebendig.
[118] Diesen Text finden wir neben dem oben erwähnten Hoseaabschnitt in der venezolanische Liturgie des Weltgebetstages 1999.

Sohnes, und seine Angst überwinden und dadurch neues Leben, auch neues Zusammenleben zwischen Vater und Sohn ermöglicht.

Zusammenfassung und Frage

Ein Gang durch die Heilige Schrift hat uns auf die Spuren von Gottes zärtlicher Berührung stoßen lassen. Sicherlich, es musste ein wenig Sand zur Seite geräumt werden, um die Spuren auch als Spuren Gottes zärtliche Berührung identifizieren zu können, manchmal musste ich zwischen den Zeilen lesen. Aber die Spuren sind nachweis- und nachvollziehbar. Und dafür, dass die Menschen damaliger Zeit über unsere Frage überhaupt noch nicht nachdachten, das Wort Zärtlichkeit wohl noch gar nicht geboren war, ist es doch erstaunlich, wie oft und an welch wesentlichen Stellen wir Spuren der Zärtlichkeit Gottes gefunden haben. Sicher lässt sich aus dem oben Gesagten nicht schließen, dass in den Heiligen Schriften die Zärtlichkeit als ein theologisches Konzept nachweisbar ist, so wie wir es für andere Begriffe finden, zum Beispiel für das Wort ‚Bund' oder ‚Zion' oder ‚Wüste'. Aber dies liegt vielleicht lediglich daran, dass die Zärtlichkeit zwar nonverbal ausgedrückt, geschenkt und erlebt wurde, als Wort jedoch noch nicht existent war. Denn gerade wenn wir die Bücher Hosea oder das Hohelied Salomos betrachten, scheint die ‚Zärtlichkeit' als eine Ausdruckform der Liebe zwischen Gott und seinem Volk an allen Stellen durchzuscheinen, ja vielleicht die Grundform des göttlichen Verhaltens darzustellen. Auch das zwar zum Sondergut des Lukas gehörende Gleichnis vom Vater und den beiden Söhnen macht deutlich, dass über die Liebe Gottes, die sich in seiner Zärtlichkeit ausdrückt, nachgedacht wird und als zum positiven hin verändernde Kraft, als neues Leben und Zusammenleben ermöglichendes Verhalten und somit ethische Möglichkeit reflektiert wird.

Darum stellt sich die Frage, warum dies in der Theologie und ihrer Geschichte bisher nicht entsprechend gewürdigt wurde? Sicher wird auch hier gesagt werden müssen, wie bereits oben angemerkt, dass das Wort für ‚Zärtlichkeit' erst jüngeren Datums ist. Aber seit gut 600 Jahren lässt es sich nachweisen und zwar gerade als Möglichkeit, ein Verhalten zwischen Gott und Mensch oder Mensch und Gott zum Ausdruck zu bringen, für das bisherige Worte nicht ausreichten.
So könnte sich als eine Antwort auf diese Frage nahelegen, dass die bis dahin vorherrschenden theologischen und dogmatischen Konzepte stärker waren, als dass sich eine mögliche theologische Rezeption der ‚Zärtlichkeit' hätte durchsetzen können. Und es würde sich im Blick auf die Geschichte der Kirche und ihrer Theologie eine zweite Antwort ergeben: dass nämlich die ‚Zärtlichkeit' Gottes nicht dazu hätte dienen können, dogmatische Ziele zu verfolgen, kirchenpolitische Auseinandersetzungen zu führen und im Namen des Allmächtigen Macht auszuüben. Wo über Macht nachgedacht wird, da ist

für Zärtlichkeit kein Platz. Denn Zärtlichkeit ist verletzlich, wehrlos und schwach und unterliegt immer der Gewalt. Hätte ein Theologe, der die Zärtlichkeit Gottes zum Thema macht, Gehör gefunden bei einer Kirche, die über Jahrhunderte hin ein unkritisches Verhältnis zu den jeweils herrschenden politische Mächten der Welt hatte? Hat die Symbiose von Kirche und Macht nicht sogar die Gottesphantasie dieser Kirche zerstört?[119] *‚Herrschaftsansprüche zerstören die Zärtlichkeit. Zärtlichkeit ist eine Exorzistin von Herrschaftsansprüchen, das ist ihre soziale Brisanz. Zwischen Herrschendem und Beherrschtem, Sieger und Besiegtem ist keine Zärtlichkeit möglich... Insofern ist Zärtlichkeit emanzipativ, ist tendenziell auf Herrschaftsfreiheit... gerichtet. Sollte das mit ein Grund dafür sein, daß die Theologie der herrschenden Kirche mit ihr so wenig anzufangen weiß?‘*[120] In der nicht nur die protestantische Theologie bis in unsere Zeit prägende ‚Kirchliche Dogmatik‘ Karl Barths, die er ab 1927 veröffentlichte und die viele tausend Seiten umfasst, suchen wir das Wort Zärtlichkeit vergeblich. Zu dem gleichen Resultat gelange ich bei der Durchsicht eines zweibändigen jeweils 600 Seiten umfassenden ‚Handbuch der christlichen Ethik‘[121], an dem evangelische und katholische Ethiker und Moraltheologen gearbeitet haben. Dies verwundert umso mehr, finden wir im 2. Band ein fast 100 Seiten umfassendes Kapitel über Ehe und Familie. Sogar in diesem Teil kommen Überlegungen zur christlichen Ethik ohne ‚Zärtlichkeit‘ aus. Exegetische Theologie, Dogmatik wie Ethik haben also in traditionellen, kirchenpolitisch relevanten Traditionen[122] die Zärtlichkeit bis auf den heutigen Tag aus ihren Überlegungen ausgeblendet. Dies wird sicherlich, wie oben angedeutet, mit dem Herrschaftsanspruch der Kirche zu begründen sein. Dazu kommt gleichzeitig die Angst der Theologie vor Körperlichkeit, vor Berührung, vor Nähe, egal ob verbal oder nonverbal ausgedrückt, die für die Zärtlichkeit unabdingbar sind, ja die Körperfeindlichkeit in Theologie und Kirche. Exegese ist wissenschaftlich, Dogmatik aseptisch und Ethik versucht, Liebe unter dem Gesichtspunkt der Verantwortung zu beschreiben und zu kanalisieren, so dass für sie die Caritas im Vordergrund steht.

Eine Ethik der Zärtlichkeit?

Und somit komme ich zum letzten Teil meiner Überlegungen, nämlich der Frage, ob die ‚Zärtlichkeit‘ wie ich sie oben zu beschreiben und deren Spuren in

---

[119] Vgl. Kurt Marti: Theologie der Zärtlichkeit? In: Almanach 10 für Literatur und Theologie, Thema: Zärtlichkeit, hrsg. v. Adam Weyer, Wuppertal, 2.Auflage 1977, S. 23.

[120] Ebenda, S. 25

[121] Handbuch der christlichen Ethik, 2 Bände, Freiburg, Basel, Wien, Auflage,

[122] Es könnte sein, dass, wenn theologische Traditionen untersucht würden, die weniger eindrücklich Eingang gefunden haben in kirchliche Tradition und ihren Herrschaftsanspruch, ich denke zum Beispiel an die christliche Mystik, dass sich das oben skizzierte Bild anders darstellen würde. Aber leider fehlt hier der Platz, dies ausführlicher zu betrachten.

den Heiligen Schriften nachzuweisen versuchte, bei einer Neuorientierung einer christlichen Ethik helfen könnte?

Christliche Ethik versucht, menschliches Leben und Handeln als ein Leben und Handeln in der Gemeinschaft mit und vor Gott zu beschreiben. Sie soll allgemein, universell gültig sein, d. h. das Leben und Handeln innerhalb bestimmter kirchlicher Gruppen, ja sogar Konfessionsgrenzen übersteigen. So behandelt christliche Ethik Fragen des menschlichen Lebens, seinem Ursprung, seiner Entfaltung, Gefährdung und Heilung und seinem Ende, Fragen zum Verhältnis menschlichen zu anderem nicht menschlichen, aber dennoch geschöpflichem Leben, Fragen zu Politik, Verfassung und Recht, zu Wirtschaft und Arbeit und zur Kultur. Dass in all diesen Bereichen die Zärtlichkeit als eine in die christliche Ethik aufzunehmende Kategorie eine mehr oder weniger große Bedeutung haben würde, steht außer Frage. Und doch denke ich, dass keine dieser Handlungsperspektiven christlicher Ethik ohne Zärtlichkeit in weitestem Sinne des Wortes auskommt und auskommen darf.
Ich möchte dies an einem Beispiel deutlich machen, auch wenn es nicht aus christlichem Gedankengut stammt, aber, so denke ich, ohne weiteres christlicherseits adaptiert werden könnte. Es handelt sich um Gedanken von Khalil Gibran, die er in seinem Buch ‚Der Prophet' im Jahre 1926 in New York veröffentlichte. Das Büchlein stellt einen Beitrag zur kulturellen Renaissance der arabischen Welt dar, und gilt nicht zufällig als ein Versuch, das Christentum mit dem Islam zu versöhnen. Gibran schreibt zur Frage der ‚Arbeit' unter anderem: ‚*... alle Arbeit ist leer, wenn die Liebe fehlt; und wenn ihr mit Liebe arbeitet, bindet ihr euch an euch selbst und an einander und an Gott. Und was heißt, mit Liebe arbeiten? Es heißt, das Tuch mit Fäden weben, die aus euren Herzen gezogen sind, als solle euer Geliebter dieses Tuch tragen. Es heißt, ein Haus mit Zuneigung bauen, als solle eure Geliebte in dem Haus wohnen. Es heißt, den Samen mit Zärtlichkeit säen und die Ernte mit Freude einbringen, als solle euer Geliebter die Frucht essen. Es heißt, allen Dingen, die ihr macht, einen Hauch eures Geistes einflößen ... Arbeit ist sichtbar gemachte Liebe.*'[123]

Um nun über die Möglichkeiten nachzudenken, ob und wie die Zärtlichkeit Eingang finden könnte in eine christliche Ethik, möchte ich zunächst den Grund christlicher Ethik beschreiben und weiß auch gleichzeitig wiederum um die von mir als Grund beschriebene Subjektivität:
Ich lebe; und dieses Leben verdanke ich meinen Eltern und darüber hinaus Gott, weil er der Grund allen Lebens ist. Ich lebe in Gemeinschaft, d.h. mit mir und um mich herum in der Nähe und in der Ferne leben andere Menschen und leben andere Geschöpfe, die gleich wie ich ihr Leben Gott verdanken.

[123] Khalil Gibran, Der Prophet, Zürich, Düsseldorf, 34. Auflage 1998.

In dieser Gemeinschaft lebe ich heute. Dieses Heute ist erwachsen aus der Vergangenheit und soll und wird Zukunft haben.
Mein Leben in dieser Gemeinschaft von Mensch und Natur ist ein kommunikativer Prozess. Ich mit meinen Fragen, ausgesprochen oder nicht, begegne der/dem anderen und seinen/ihren Fragen an mich. D. h. ich muss mich dem/der anderen gegenüber verhalten.
Verhalten und Fragen sind eingebettet in die Koordinaten unserer Vergangenheit, Gegenwart und Zukunft, die, wenn auch vielleicht auf unterschiedliche Weise, sehr wichtig sind für die Beantwortung der Fragen und für mein Verhalten.
Und damit die Welt, die Menschen in ihr und alle Mitgeschöpfe Zukunft haben können, müssen die Fragen so beantwortet werden, muss ich mich so verhalten, damit Leben in Zukunft auch möglich sein wird.
So frage ich nach dem ‚Wie' meines Verhaltens dem / der anderen gegenüber. Ich frage nach dem richtigen Verhalten, das dem Grund christlicher Ethik entspricht. Die Antwort finde ich in Jesu Doppelgebot der Liebe, so wie es zum Beispiel Lukas (10, 27) formuliert: *‚Du sollst den Herrn, deinen Gott, lieben von ganzem Herzen, von ganzer Seele, von allen Kräften und von ganzem Gemüt, und deinen Nächsten wie dich selbst.'* Christliche Ethik fragt, wie oben schon erwähnt, nach dem Verhalten der Menschen zueinander, dies aber in der Gemeinschaft mit Gott. Die Ehrfurcht vor Gott und die Liebe zu Gott werden mein Verhalten zum Mitmenschen und zur Kreatur bestimmen, wenn und weil ich sie wie mich als von Gott erschaffen betrachte. Die Ehrfurcht vor Gott werden mich dem Nächsten in Respekt und Achtung und auch in Demut begegnen lassen, die Liebe zu Gott in Liebe zum Menschen, den er/sie ist, egal, wer oder wie oder was sie/er ist, egal ob Freund oder Feind, Geschöpf Gottes und trägt darum in sich göttliches Sein.
Die Liebe aber muss vermittelt werden. Es reicht nicht, sie zu propagieren, sie zum Programm zu erheben. Liebe bleibt ein Wort, eine Idee, ein Konzept, wenn sie nicht vermittelt, wenn sie nicht kommuniziert, transportiert wird. Und sie vermittelt sich, wie ich eingangs versucht habe darzustellen in besonderer Weise durch die Zärtlichkeit.
Um deutlich zu machen, wie wichtig dieser Punkt ist, verbinde ich einen Gedanken heutigen kirchlich-diakonischen Handelns mit einem Gedanken Gibrans. Zum Wesen der Kirche heute gehört ihre diakonische/caritative Arbeit. Diese erfüllt sie durch mehr oder weniger große Einrichtungen, Hilfsorganisationen und Werke. Aber sie wird ihre Arbeit nur dann dem hohen Anspruch des Wortes ‚Caritas' entsprechend tun können, wenn über die tätige Hilfe hinaus dem Hilfsbedürftigen auch die notwendige Zuwendung entgegengebracht wird, wenn der Mensch, der Hilfe braucht, im Helfenden auch Gottes zärtliche Berührung zu spüren bekommt. Gibran schreibt im gleichen, schon oben erwähnten Kapitel zur Arbeit: *‚Denn wenn ihr mit Gleichgültigkeit Brot backt, backt ihr ein bitteres Brot, das nicht einmal den halben Hunger des*

Menschen stillt... Und auch wenn ihr wie Engel singt und das Singen nicht liebt, macht ihr die Ohren der Menschen taub für die Stimmen des Tages und die Stimmen der Nacht.'[124]

Sicherlich wäre es unangemessen, die Zärtlichkeit als Grundmaxime christlicher Ethik beschreiben zu wollen, aber ich denke, sie hätte einen wichtigen Beitrag im Zusammenleben von Menschen und zwischen Mensch und Kreatur zu leisten. Denn es reicht[125] nicht, wie Thomas Hobbes es versuchte, Ethik in der möglichen Bedürfnisbefriedigung der Menschen zu begründen, zumal, wenn die Bedürfnisse rein materiell definiert werden. Die Frage zum Beispiel nach Frieden in einem Land ist nicht allein durch die Abwesenheit von Krieg beantwortbar. Sicherlich ist das schon viel, und die, die gerade in diesen Tagen in Schutzräumen vor Bomben Sicherheit suchen, würden sich nichts sehnlicher wünschen. Aber Frieden ist auch Gerechtigkeit, Frieden und Gerechtigkeit finden ihren Grund vor allem in der Liebe, in gegenseitiger Akzeptanz und Respekt, in der Achtung im anderen ebenfalls ein Geschöpf Gottes zu erkennen, der sich dem Menschen in liebender Zärtlichkeit zuwendet.
Wenn ich eine Begründungsregel darin fände, dass möglichst viele Menschen möglichst viel Glück erfahren, so wie es aus utilaristischen Kreisen um Bentham und Mill gefordert wurde, stellt sich die Frage, ob nicht auch hier die Gefahr der Materialisierung des Glücks besteht?
Kant versuchte mit seinem kategorischen Imperativ[126] einen anderen Zugang und hiermit eine ethische Norm zu begründen. Er setzte beim Ich ein und versuchte, das Handeln des Ichs zu objektivieren, es sogar als mögliche gesetzliche Norm für alle zu beschreiben. Kant war inhaltlich nicht sehr weit entfernt von dem zweiten Teil des Liebesgebotes Jesu. Aber das dialogische Prinzip, das die Zärtlichkeit in die Ethik eintragen könnte, und dazu ein kommunikativ emanzipatorisches, das den anderen / die andere als eigenständiges Wesen in Unabhängigkeit und Freiheit betrachtet, würde den Ansatz Kants bereichern. Auf diesem Wege, das Dialogisch-Kommunikative in die Ethik einzufügen, befindet sich Gibson Winter[127] mit seiner Ethik der Verantwortung. Verantwortung ist für ihn nicht die Verantwortung einer Autorität gegenüber, sondern die, die die Folgen eines Handelns verantwortet. Aber, so frage ich, reicht eine Verantwortungsethik, die möglicherweise immer eine sehr distanzierte Ethik wäre, die vielleicht sogar die Distanz zwischen dem Ich und dem Du brauchte, um nicht der Problematik einer ‚Gesinnungsethik'

[124] Gibran, ebenda: S. 24.
[125] Im Folgenden versuche ich die drei klassischen Begründungsregeln von Thomas Hobbes, Immanuel Kant und die der Utilaristen Bentham und J. St. Mills mit der ethischen Kategorie der Zärtlichkeit zu konfrontieren, kann diese aber nur plakativ darstellen.
[126] Handle so, dass die Maxime deines Willens jederzeit zugleich als Prinzip einer allgemeinen Gesetzgebung gelten könne!
[127] Gibson Winter, Elements for a Social Ethic, Scientific and Ethical Perspectives on Social Process, New York 1966.

(Max Weber) zu verfallen? Ich kann Verantwortung für Menschen haben, ohne dass ich sie liebe. Bin ich damit nicht wieder bei dem oben zitierten Beispiel Gibrans?

Es geht bei der Ethik doch um Maßstäbe für gestaltendes Verhalten, für Gegenwart und Zukunft gestaltendes Verhalten zwischen Menschen und Mensch und kreatürlichem Leben. Und gerade die Zukunftsausrichtung ethischer Modelle verpflichtet zum Guten, zum Kreativen und darum zur Liebe, die durch Zärtlichkeit konkret, die durch die Zärtlichkeit aus dem Verborgenheit heraustreten und offenbar werden kann, ja zerstörte Beziehungen zu heilen, entzweite Verhältnisse zu versöhnen vermag.
Zeigt nicht das Gleichnis vom Vater und den beiden Söhnen (Lk. 15, 11ff) sehr deutlich, dass es gerade die Zärtlichkeit des Vaters ist, die Versöhnung stiftet, das in der Zärtlichkeit die Möglichkeit der Versöhnung aufleuchtet, Versöhnung zwischen Gott und Mensch und Mensch und Menschen und Mensch und Kreatur?
Wo Zärtlichkeit geschieht, da verringern sich Angst, Spannung, Hast und Verkrampfung. Da geschieht Neues, da tritt Veränderung ein, da kommt ein Prozess in Gang, der erneuert, der verändert, der stärkt, selbst zärtlich werden lässt, ja, der Frieden schafft.
Sicher, Zärtlichkeit ist etwas, was uns nicht angeboren ist. Wir müssen sie erlernen. Der Säugling, der nur mit sich selbst beschäftigt ist und dessen einziges Bestreben darin liegt, dass all seine Bedürfnisse befriedigt werden, ist zur Zärtlichkeit nicht fähig. Mutter und Vater aber und alle, die ihn umgeben, sind es hoffentlich, und werden es ihm an ihr nicht fehlen lassen, damit sich seine Sinnlichkeit und damit auch seine Zärtlichkeit entwickeln kann. Denn nur wenn ich sie selbst erlebt habe und spüren durfte, kann ich sie weitergeben und wird mir zum wichtigen, zum unverzichtbaren Element der positiven Kommunikation mit anderen, zur Ausdrucksform der Liebe.
Ich glaube, dass hier ein Lernprozess in Gang kommen muss, der unsere Erziehung betrifft. Denn neben der Fixiertheit auf den Einzelnen, auf die Sachlichkeit der Dinge und deren Materie, muss Erziehung auch einen Beitrag zur Liebesfähigkeit leisten. Denn Gutes zwischen Menschen und Glück entwickeln sich in besonderer Weise da, wo emotionale Kontakte aufgenommen werden, wo nicht-sachliche zwischenmenschliche Beziehungen entstehen, wo also Raum ist für die Zärtlichkeit. Darum wäre die Erziehung zur Zärtlichkeit auch ein erster Schritt zu einem besseren Miteinander der Geschöpfe Gottes und darum ein erster Schritt zu einer besseren Welt. Und diesen Beitrag, der schon bei der Erziehung beginnt, könnte eine Ethik der Zärtlichkeit in einer Neuorientierung christlicher Ethik zu leisten versuchen.

Das weibliche Gesicht Gottes

Ist Gott männlich oder weiblich?

Diese Frage in ihrer jeweils das andere Ausschließende, in ihrer Alternativformulierung beruht auf einer, so möchte ich sagen, patriarchalen Grundphilosophie oder ‚Differenzphilosophie', die eigenes Sein nur erleben und beschreiben kann, wenn es sich in nicht nur einander ausschließende Gegensätze aufteilen lässt, sondern diese Gegensätze auch eine ihr von dieser patriarchalen Philosophie verordnete Sein- und Wertehierarchie bilden können: Himmel – Erde; oben - unten; Seele – Körper; Gott – Mensch, heilig – profan, innen - außen, privat – öffentlich, (typisch) männlich – (typisch) weiblich.

Bei dieser Frage, zumal wenn wir über sie im jüdisch-christlichen Kontext nachdenken, denken wir zunächst einmal an den Gott, wie er uns aus den Erzählungen der hebräischen Bibel erscheint, als der dem Abraham, dem Isaak, dem Jakob, dem Mose, schließlich dem Volk Israel selbst geoffenbarten Gott. Und die Sprache, in der sie uns zum großen Teil überliefert wurde, ist die hebräische. Die hebräische Sprache kennt ein Maskulinum und ein Femininum. Sie kennt kein Neutrum, so dass wir es in der Tat und Gott sei Dank auch bei Gott selbst bei einer möglichen Zuordnung zu männlich oder weiblich belassen können. Gott als Sache, Gott als ‚Es', wäre unvorstellbar. Gott ist ‚Ich' als sich Mitteilender oder ‚Du' als Hörender. Und schon habe ich mich auf den patriarchalen Holzweg begeben und mich für die maskuline Form entschieden. Um dies zu vermeiden, schließe ich mich Phillip Melanchthon an, der einmal meinte: eher, dass wir über Gott sprechen, sollten wir ihn anbeten. Darum mein Vorschlag: Wir sollten nicht *über* Gott reden, sondern *mit* ihm sprechen, ihn anreden, mit ihm reden, unser ganzes Leben sollte ein Gespräch mit ihm sein, Fragen und Antworten immer im ‚Du'. Und ich weiß, dass ich das, was mir wichtig wäre, selbst in den nachfolgenden Gedanken nicht durchhalten kann, nicht einmal ansatzweise.
Trotzdem ist es mir wichtig. Denn das ‚Du' ist geschlechterneutral, nein: nicht neutral, es ist beides in eins, ist offen für die Bilder, die ich jeweils vor Augen habe, die variieren können, die sich verändern können, die offen bleiben, weil sie offen sind und gleichzeitig ein Gegenüber meinen, das, das mich, um mit Martin Buber zu sprechen, erst zum ‚Ich' macht. Über Gott sprechen kann ich, wenn ich es also redlich und verantwortlich tue, eigentlich nur im Dialog, und damit rede ich auch in Übereinstimmung mit dem Wesen Gottes selbst. Gottes Wesen ist dialogisch. Dialogisch ist Gottes Grund, sein Wesen und sein Ziel. Darum ist die ‚Zwei' Gottes Zahl. Das ‚Ich' und das ‚Du', männlich und weiblich, beides in eins, und nun nehme ich zwei Begriffe aus anderem Zusammenhang (Konzil von Chalcedon, 451) auf: Gott ist männlich und weiblich, ‚ungetrennt' und ‚ungesondert'. In all dem soll deutlich werden, dass

wir Gott immer nur im Bekenntnis zu ihm erkennen, ihn im Bekenntnis erfahren. Nie ist er ein abstrakter, objektivierbarer Seinsgegenstand, wie der Tisch, hinter dem ich sitze oder der Baum vor dem Fenster. Er begegnet mir als ‚DU', im Gespräch, im Bekenntnis zu ihm.

Die Gottes-Ebenbildlichkeit des Menschen

Wir lesen in Gen. 1, 27 in der Lutherübersetzung: *Und Gott schuf den Menschen zu seinem Bilde* (besser wäre es zu übersetzen: in seinem Bilde), *zum Bilde Gottes schuf er ihn; und schuf sie als Mann und Frau.* Die Bibel in gerechter Sprache schreibt: *Da schuf Gott Adam, die Menschen, als göttliches Bild, als Bild Gottes wurden sie geschaffen, männlich und weiblich hat er, hat er sie, hat Gott sie geschaffen.*
Hier wird von der Gottes-Ebenbildlichkeit des Menschen gesprochen. Und wenn wir für diese dem Menschen zugeschriebene Qualität den ersten Schöpfungsbericht zugrunde legen, dann können wir aus dem bereits oben Beschriebenen folgern, dass, wenn der Mensch Gottes Ebenbild ist, Gott vom Grunde her selbst männlichen u n d weiblichen Wesens ist, beides in einem, ungeteilt, ungesondert. Ob der von Gott am sechsten Schöpfungstag erschaffene Mensch androgyn gedacht war, soll hier nicht weiter untersucht werden. Wichtig ist festzuhalten, dass wir nach biblischer Überlieferung im Eins-Sein Gottes die Zweiheit der Geschlechter finden, also das Männliche und das Weibliche. Und dies nicht als Differenz, als Unterschiede, die jeweilige Charakteristika und dadurch Ordnungen ableiten lassen, sondern in der Einheit, im wechselseitigen Sein miteinander.

Beispiele für Gottes weibliche Attribute

Die biblische Überlieferung sieht überhaupt kein Problem darin, diese Zweiheit im Eins-Sein Gottes auch zum Ausdruck zu bringen. Beispiele für die Darstellung männlicher Wesenszüge Gottes kennen wir zur Genüge, die brauche ich hier und heute nicht darzustellen, sie gehören in unsere aus alter Zeit überkommenen patriarchalischen Grundmuster unserer Gesellschaft, die wir mit der Muttermilch eingesogen haben.
Es sollen uns im Folgenden die weiblichen Aspekte in der Darstellung Gottes interessieren. Auch hier gibt es – und zwar durch alle Zeiten der Entstehung der hebräisch-biblischen Tradition hindurch - eine ganze Reihe, die, und hierfür hat die Überlieferung in ihrer patriarchalen Positionierung gesorgt, eher weniger bekannt sind.
In einer eher zufälligen Auswahl[128] lesen wir bei Jesaja 66, 13: *Wie ein Mann, den seine Mutter tröstet, so will ich euch trösten.* Das Muttersein Gottes

[128] vgl. im Folgenden: Erwin Schild, Die Welt durch mein Fenster, Köln, 1996

umschreibt Deuteronomium 32, 18 noch deutlicher: *‚zur jelad'cha.... el m'chol `leka'.(* Gott gebar dich; Gott krümmte sich in Wehen mit dir) . Luther übersetzt in seiner röm.-kath. Tradition, in der er groß geworden ist: *Deinen Fels, der dich gezeugt hat,... den Gott, der dich gemacht hat.* Aber nicht nur Luther rückte die männliche Zeugungsfunktion an die Stelle des weiblichen Gebärens, das er offensichtlich als zu heikel empfand, um es Gott zuzuerkennen.
Weniger anstößig fand er die Stelle in Jesaja 42, 14, wenn er übersetzt: *Nun aber will ich schreien wie ein Gebärende, ich will laut rufen und schreien.*
Sehr deutlich aber wird die Neutralisierung des Weiblichen in der Übersetzung an einem anderen, einem sehr wichtigen Attribut Gottes, der *‚rachamim'.* Luther übersetzte dieses Wort mit Barmherzigkeit, ein Herz für die Armen haben. Eigentlich ein sehr schönes Wort. Etymologisch ist dieses Wort jedoch von dem Wort *‚rechem'* herzuleiten und das ist die ‚Gebärmutter', dem weiblichsten aller Organe. Wenn wir also Gott als den Barmherzigen anrufen, den *‚Baal Ha- Rachamim'*, denn gestehen wir ihm höchst weibliche Eigenschaft zu.

Neben einzelnen Versen aus zahlreichen Schriften hebräisch-biblischer Tradition ist das Buch Hosea ein weiteres beredtes Zeichen für unser Thema. Der Prophet aus dem Nordreich, der im 8. Jahrhundert v. u. Z. lebte, vergleicht mehrere Male das Verhältnis Israels zu Gott mit einer Ehe. Auch wenn die Zeichenhandlungen, zu denen Hosea aufgefordert wird, verwirren, ist die Rollenverteilung eindeutig: Gott ist die vom Volk, also die von ihrem Mann mehrfach betrogene Ehefrau.

Schechina, Torah, Weisheit, Geist

Im Folgenden werde ich von vier Begriffen sprechen, die die weiblichen Attribute Gottes in besonderer Weise unterstreichen. Mehr noch: in ihnen wird Gottes Wesen in der Welt kund.
Da ist zum einen die ‚Schechina'. Die Schechina ist in der hebräischen Sprache ein Femininum. Sie bezeichnet das Wohnen Gottes unter den Menschen (Ex. 25, 8; Num. 5, 3, Deut. 12,5, Jes. 8, 18. 57.15, Sach. 2, 14). Sie beschreibt die Immanenz des transzendenten Gottes[129], das In-der-Welt-Sein Gottes, seine Hinwendung zum Menschen, seine Gegenwart, seine Präsenz, sein Dasein. Und die Gegenwart, die Schechina Gottes, band sich nicht an ein Heiligtum, an das Bundeszelt, an den Zion oder den Tempel. In rabbinischer Literatur finden wir den Gedanken, dass Gott in der Gemeinschaft des Volkes Israel wohne. Und seine Gegenwart beschränkte sich nicht nur auf das Heilige Land. Seine Herrlichkeit war sogar im Exil gegenwärtig. Es ist auch denkbar, dass Gottes Herrlichkeit in einem einzelnen Menschen gegenwärtig ist, in einem Menschen

[129] Vgl. auch im Folgenden: Küng, Hans, Das Judentum, München, Zürich, 2. Auflage 1991, S. 467.

‚Wohnung‘ findet. Und das konnte im Volk Israel, wie bei Jesus von Nazareth, aber auch in jedem anderen Menschen geschehen. Die Schechina der Herrlichkeit Gottes ist nur in ihrer Dynamik zu verstehen sein, die gleichzeitig unendliche Nähe, wie auch vorsichtige Distanz beinhaltet.
Als zweites erwähne ich die Torah. Hier meine ich nicht den formalisiert statischen Begriff der ersten fünf Bücher der hebräischen Bibel. Nein, ich meine die Torah als Offenbarung des Willens Gottes, seine Weisung, sein Wort, ihn selbst. Das Wort Torah ist im Hebräischen gleich wie das Wort Schechina feminin. In der Torah erkennt der Glaubende den Willen Gottes. Mit einem torahgemäßen Leben dankt der Glaubende Gott für alles Gute, was er von ihm empfangen hat. In der Torah ist Gott selbst zu erkennen. In ihr teilt er sich mit, teilt er seinen Willen kund. In der Torah kommuniziert Gott mit Israel, in ihr spricht Gott Israel an und wendet sich ihm heilvoll zu. Die Torah gilt insgesamt, ungeteilt, in allen ihren einzelnen Teilen, weil Gott der in Zweiheit Eine ist, ungeteilt. Die ganze Torah anzuerkennen, bedeutet, seine Einzigkeit zu bekennen. Die Torah, wenn auch nur einen Teil, zu verlassen, bedeutet, Gott selbst zu verlassen, während ihr Studium seine Gegenwart, seine Schechina verheißt. So lesen wir `*Wenn aber zwei beisammen sitzen und sprechen von der Torah, so weilt die Gegenwart des Ewigen bei ihnen.* (Abot, 3, 3, auch 3, 7, nach Sidur Sefat Emet. S. 156f) Die Torah verleiht der Welt Bestand und garantiert ihre Fortdauer. So sagte Schimon, der Gerechte, einer ´von den Letzten der großen Synagoge: ´*auf drei Dingen steht die Welt: auf der Lehre (der Torah), auf dem Opferdienst und auf der Wohltätigkeit.*´
Die Torah ermöglicht dem Menschen nicht nur in Übereinstimmung mit Gott zu leben. Sie ist, wie die Rabbinen meinen, auch die Ordnung der Schöpfung und des Heils. Sie sei von Anbeginn der Schöpfung vorhanden, sie sei das Erstgeschaffene der Schöpfung, sie sei der Bauplan der Schöpfung. Ein Midrasch (Midrasch Genesis Rabba 1, 1) meint: ´*Die Tora sagt: Ich war das Werkzeug der Kunstfertigkeit des Heiligen, er sei gepriesen. Ein Gleichnis: Wenn, nach der Weise der Welt, ein König aus Fleisch und Blut einen Palast baut, dann verläßt er sich nicht auf sich selbst, sondern zieht einen Baumeister hinzu. Und auch der Baumeister verläßt sich nicht auf sich selbst, sondern benutzt Pläne und Zeichnungen, um daraus zu ersehen, wie er Zimmer und Türen anlegen soll. So blickte auch der Heilige, er sei gepriesen, in die Torah und erschuf die Welt.*´ Dies führt zur Konsequenz: wer die Torah übertritt, der handelt schöpfungswidrig. Denn sowenig es in der Natur ein Abweichen von der Schöpfungsordnung gibt, so wenig kann dem Menschen ein Dispens erteilt werden, von der Torah abzuweichen. Wer die Torah befolgt, sichert den Fortbestand der Schöpfung.
Ähnliches lässt sich über die Weisheit sagen[130]. Die Weisheit ist von alters her feminin. Auch in der hebräischen Sprache. Sie ist fast wie eine zweite Person

[130] Vgl. im Folgenden: Elisabeth Moltmann-Wendel, Das Land wo Milch und Honig fließt, Gütersloh, 2. Auflage, 1987, S. 103ff

Gottes im Schöpfungswerk vorhanden (vgl. Sprüche 8). Sie wird als Tochter Gottes bezeichnet, als seine Begleiterin, wird Schwester, Frau, Mutter, Geliebte und Lehrerin genannt. Oft verwischt der Unterschied zwischen Gott und der Weisheit. So wird sie Führerin auf neuen Wegen, Predigerin und Werkmeisterin aller Dinge. Sie sucht Menschen und findet sie auf dem Weg, lädt sie zum Essen ein. Sie bietet Leben, Ruhe, Wissen und Heilung denen an, die sie annehmen und macht sie zu Gottesfreunden. Sie wiederum wird von Menschen gesucht, geliebt, aber auch verworfen.

Das, was bisher über Schechina, Torah und die Weisheit gesagt wurde, gilt in gleicher Weise für den Geist, die *,ruach'*. Ohne Zweifel ist der Geist im hebräischen ein Femininum, im Griechischen wurde er zum Neutrum: *,pneuma'*, im Lateinischen zum Maskulinum ,spiritus', und so blieb es auch im Deutschen. Der Geist Gottes ist, mit der Weisheit fast synonym gebraucht, Begleiterin, Gesprächspartnerin bei der Schöpfung. *Die Erde war wüst und leer, und es war finster auf der Tiefe und der Geist Gottes schwebte auf dem Wasser*, übersetzt Luther den 2. Vers von Genesis 1.

Geist, Schechina, Weisheit und Tora, vier Femininae, ohne die Gott stumm geblieben wäre, sich nicht hätte mitteilen, ja nicht hätte schaffen können. Gibt es eindrücklichere Beispiele für die weiblichen Aspekte des jüdisch-christlichen Gottesbildes.

Elisabeth Moltmann-Wendel schreibt im Blick auf die Weisheit, dass sich *,hinter dieser imposanten Gestalt der Weisheit ... Reste eines Kultes altorientalischer weiblicher Gottheiten (verbergen). In diesen Kulten wurden Göttinnen als Spenderinnen des Lebens, als Schöpferinnen und Erlöserinnen verehrt...'*[131] So wurde die Weisheit unter starkem ägyptischen Einfluss seit dem 3. Jahrhundert v. u. Z. in der jüdischen Weisheitstheologie in der Gestalt der Sofia verehrt. Deutliche Einflüsse finden wir sogar im Evangelium des Johannes.

Göttinnen in altorientalischen Kulten

Aber es war nicht nur die Weisheit, die in Nachbarvölkern Israels verehrt wurde. Ich möchte im kurzen einen kleinen Überblick[132] über andere Göttinnen geben, die die Religionen und Kulturen im vorderasiatischen Raum sehr stark beeinflusst haben.

Da wäre als erste die Ischtar aus sumerisch-akkadischem, mesopotamischem Raum zu nennen. Sie ist auch unter dem Namen Inanna bekannt. Wir finden sie u. A. im Gilgamesch-Epos erwähnt. Sie ist, wie übrigens der Gott, der sich Mose in Midian (Ex. 3) vorstellt und später mit dem Gott Abrahams, Isaaks und Jakobs identifiziert wird, eine Göttin des Krieges. Rollsiegel aus akkadischer

---

[131] Elisabeth Moltmann-Wendel, a. a. O. S. 104

[132] Ich werde mich hier an die Zusammenstellung von Kocku von Stuckrad, Lilith. Im Licht des schwarzen Mondes zur Kraft der Göttin, Braunschweig 1997, S. 30ff. und seine Einteilung halten

Zeit (2350 – 2070 v. u. Z.) und altbabylonischer Epoche (1830 – 1530) zeigen sie mit Sichelaxt und Keule. Ihr Fuß steht auf einem ruhenden Löwen, dem Symbol ihrer Macht. Diese wird ebenfalls durch ihre Frontaldarstellung unterstrichen. Ihre Flügel weisen sie als Himmelskönigin aus. Der achtstrahlige Stern symbolisiert die Venus, von Anfang an der Stern der Ischtar. Neben dem kriegerischen Aspekt wird der Ischtar auch eine mütterliche Rolle zugeschrieben. Hierauf verweist in Abbildungen von ihr neben den eben genannten Attributen auch eine Kuh, die ihr Kalb nährt. Von assyrischen Königen wird sie als Mutter, als Schenkerin des Lebens, als barmherzige Göttin verehrt. Ischtar ist wie keine andere die Himmelskönigin. Ein blauer Mantel und ein Sternenkranz gehören zu ihrer Ikonographie, die wir in christlicher Zeit bis in unsere Tage bei Maria wiederfinden.
Als äußerst kriegerisch und gewalttätig wird auch die kanaanäische Anat bezeichnet. Sie gilt als die Geliebte, manchmal auch als Mutter Baals, des Vegetationsgottes, der im Herbst stirbt, um durch die Kraft der Göttin erneut – in einer ‚Heiligen Hochzeit'[133] – belebt zu werden. Es ist überliefert, dass sie sich nicht scheut, den Göttervater El ultimativ aufzufordern, für Baal ein adäquates Heim zu schaffen. Für Anat ist der Beiname ‚Jungfrau' häufig belegt. Dies meint jedoch nicht das, was wir gerade auch in christlich-kirchlichem Sprachgebrauch mit ‚Jungfrau' oder ‚Jungfräulichkeit' verbinden. Gemeint ist der unbezwingbare, ungebändigte Wille der Göttin, das entschlossene Vorgehen bei der Durchsetzung ihrer Absichten. Es geht also nicht um ein körperliches Merkmal, sondern um einen Charakterzug, der vor allem ihre Unabhängigkeit beschreiben soll. Auch für Anat sind mütterliche Eigenschaften bekannt.
Die Aschera aus Ugarit gilt als Gemahlin des Göttervaters El, zugleich als seine Erschafferin.
Eine direkte Parallele der Ischtar finden wir in der kanaanäischen Astarte, die gleich wie Anat als Jägerin bezeichnet wird. Sie gilt als die eigentliche Himmelskönigin. Dass selbst der hebräischen Bibel neben dem Kriegsgott Jahwe eine Kriegsgöttin bekannt sein könnte, könnte abgeschwächt noch aus der Darstellung der Deborah zu erkennen sein, deren Lied uns in Richter 5 überliefert ist, die eher als Priesterin, vielleicht sogar als Göttin anzusprechen ist. Im Buch der Richter wird sie als ‚eine Mutter in Israel' bezeichnet.

Möglicherweise können wir davon ausgehen, dass es sich bei all diesen Göttinnen im Grunde um ein und dieselbe handelt, deren Name von Land zu Land, von Kultur zu Kultur, von Sprache zu Sprache variiert. Hinweis darauf können die jeweiligen Eigenschaften sein, die ihnen zugeschrieben werden, die jedoch sehr ähnliche sind. Auch ist ihr Einfluss relativ groß gewesen. Und da es sich in der Epoche, um die es hier geht, nicht um jeweils in sich geschlossene Kulturräume, nicht jeweils voneinander unabhängige Gesellschaften handelt,

[133] Es geht hier um die kultisch vollzogene Vereinigung von Göttin und Gott, von Königin/Priesterin und König. Diese sichert das Gedeihen des Landes und das Wohlergehen der Menschen.

sondern doch ein mehr oder weniger großer Austausch, ob kriegerischer oder wirtschaftlicher Natur, stattgefunden hat, wird es auch zu einer mehr oder weniger großen Vermischung oder gegenseitigen Beeinflussung und einem Ineinander-Greifen der verschiedenen Religionen und Kulturen gekommen sein. So wissen wir, dass selbst im Nahen Osten der Kult der Himmelsgöttin sehr beliebt war. Die hebräische Bibel ist davon ausdrückliche Zeugin. Immer wieder wird den Israeliten vorgeworfen, sie würden der Astarte, der Aschera, der Inanna oder der Ischtar räuchern, ihr Kuchen backen oder dergleichen. Etliche Könige, allen voran Salomo, haben Höhenheiligtümer errichtet, um der Himmelskönigin zu huldigen. Die Verfasser der biblischen Schriften und deren Redakteure haben versucht, die Verehrung dieser Göttinnen, ja auch der verschiedenen Götter selbst im Nord- oder im Südreich Israels abzuschwächen. In den biblischen Schriften wird uns suggeriert, dass es seit je einen Monotheismus gegeben hätte, dass Jahwe allein verehrt wurde. Aber der Monotheismus, so wie wir ihn kennen hat sich in Israel erst nach dem babylonischen Exil etabliert, also erst in der Mitte des 6. Jahrhunderts v. u. Z. Und Wegbereiter, Protagonisten dieser Jahweverehrung waren die Priester und schließlich die Deuteronomisten. Für sie waren es die fremdländischen Frauen Salomos, die den König und die Israeliten zum Abfall vom Gott der Väter verführten. Das ganze gipfelt in der Auseinandersetzung zwischen Elia und Isebel, der Frau des König Ahab, auch sie eine fremde Frau, eine Königstochter und Priesterin aus Sidon. Der Untergang der beiden Reiche war für die Redakteure alttestamentlicher Schriften nur die logische Konsequenz der Vielgötterei, und die wiederum einzig und allein ein Werk der Frauen. Und darum mussten in biblischer Überlieferung jeglicher Hinweis auf welche Götter auch immer, vor allem Hinweise auf Göttinnen getilgt werden. Denn was nicht sein darf, kann nicht sein.

Von der Göttin zu dem Gott der jüdisch-christlichen Tradition

Die Geschichte, die vergleichende Religionswissenschaft, die Archäologie und die Ethnologie jedoch zeigen uns einen ganz anderen Zusammenhang. Denn von den Ursprüngen der Menschheit bis in die Mitte des 3. Jahrtausends vor unserer Zeitrechnung kennen wir im Alten Europa und im Mittelmeerraum überwiegend matrilineare (Ackerbau-) Kulturen, in denen in erster Linie Göttinnen in ihren verschiedensten Funktionen verehrt wurden. Ob es innerhalb einer Kultur verschiedene Göttinnen, oder nur eine ‚Große Göttin' mit verschiedenen Aspekten, Gesichtern oder Eigenschaften gab, möchte ich einmal dahingestellt lassen. Während große Teile dieser Kultur im Alten Europa durch die Eroberungszüge indogermanischer Stämme mit ihrer kriegerischen und patrilinearer Kultur und ihrer männlichen Götter in der frühen Bronzezeit zerstört wurden, konnte sich jedoch die Göttinnen verehrende Kultur im Mittelmeerraum bis in die Mitte des 2. Jahrtausends v.u.Z. halten. Danach

überlebte/n die Göttin/nen in vielen Regionen, meist verborgen, nur noch in ihren Symbolen.
Dies gilt auch für Kanaan/Israel. Hier lösen erst in der Spätbronzezeit - SB-Zeit - (1550-1150 v. u. Z.) kostbare metallene Darstellungen kämpferisch-politischer, männlicher Götter, die auf deren Verehrung schließen lassen, die der für Fortpflanzung, Gedeihen und Wachsen zuständigen Göttinnen ab, die ursprünglich, wie wir oben gesehen haben ebenfalls kriegerische, gewaltsame Attribute trugen. Göttinnen werden in der SB-Zeit nur noch in einfacher Terrakotta dargestellt. Diese sind sehr zahlreich. So dürfen wir annehmen, dass ihnen im Bereich der privaten Frömmigkeit häuslicher Kulte weiterhin eine bedeutende Rolle zukommen. Männliche Gottheiten existieren in Terrakotta kaum. Diese Tendenz lässt sich bis in die Eisenzeit I – EZ - (1250-1000 v. u. Z.) weiterverfolgen.
Die ikonographische Darstellung kämpferischer Männergottheiten findet ihr Äquivalent in den Berichten des Exodus und der Eroberungserzählungen der hebräischen Bibel. Auch die nur noch im Verborgenen verehrte Göttin tritt nun auch noch hinter ihr Symbol (Baum, säugendes Muttertier, Skorpion) zurück und wird zu einem Wirkgegenstand und durch ihn ersetzt. Die EZ II A + B (1000-700 v. u. Z.) setzt diese Entwicklung fort. In der EZ II B ist die Aschera, das Kultsymbol in Gestalt des stilisierten Baumes, die wichtigste Mittlergröße Jahwes.
In der EZ II C (2. Hälfte des 8. Jahrhunderts v. u. Z.) finden wir dann aber verstärkt wieder Göttinnenfigurinen, so dass davon auszugehen ist, dass die Göttin neben dem privaten Kult im Hause nun auch im offiziellen Staatskult Eingang findet. Die im 7. Jh. in Juda verehrte Himmelskönigin dürfte die wieder auferstandene Aschera sein.

Die deuteronomistischen Schriftsteller, deren Einflüsse, Texte und Redaktionen wir in ihrer Ausrichtung allein an Jahwe und seinem Tempel in verschiedenen Phasen über mehrere Jahrhunderte finden, hatten nicht nur einen ungeheuren Einfluss auf einen großen Teil der hebräischen Bibel, sondern auch auf die Entwicklung des jüdischen Bekenntnisses zu dem einen Gott. In ihrem Denken hatten die Göttin und ihr Kult keinen Platz. Und wo sie sich in den Traditionen fanden, wurden sie in Israel als eigentlich nicht präsent dargestellt. Und wenn von einer ‚Aschera' gesprochen werden musste, war dieser ‚Kultgegenstand', wie bereits gesagt, in ihrer Interpretation die Folge des Einflusses aus benachbarten heidnischen Staaten. Auf alle Fälle wurde den fremden Göttern und Göttinnen und ihren Verehrern im eigenen Volk die Schuld für alle bösen Geschicke Israels gegeben. Ja, die theologische Vorstellung der Deuteronomisten, dass in Israel schon immer der Monotheismus existierte und dazu seit Schöpfungszeiten nie eine Alternative bestand, prägte dann auch die Ikonographie, so dass im nachexilischen Israel die Darstellung der Göttin mehr und mehr und somit wohl auch ihr Kult und ihre Verehrung verschwanden. Nur wenige Wurzeln haben sich in Symbolik bis in unsere Tage gehalten.

Zwei Beispiele mögen das illustrieren:

1. Die Eroberung Jerichos (Josua 2-6) mit seiner Ackerbau- und matrilinear geprägten Kultur.

Historisch gesehen war Jericho zur Zeit der Einwanderung Israels schon gar nicht mehr fest besiedelt. In biblischer Tradition ist sie die befestigte kanaanäische Stadt par excellence. Ihre ‚Eroberung' diente deuteronomistisch-theologischer Überzeugungskraft, dass patrilineare Viehzüchter und Nomadenstämme und deren Kriegsgott selbstverständlich einem madrilinear organisiertes Gemeinwesen und deren Göttin/nen überlegen waren und siegen mussten, und das mit Pauken und Trompeten.

2. Die Darstellung der Frau des Ahab, der Königin Isebel, dient den Deuteronomisten als Negativfolie, um Israel deutlich zu machen, dass die Verehrung von Fremdgöttern, vor allem die von Göttinnen, zumal wenn dieser Kult durch Frauen ausgeübt und getragen wird, zum Untergang führen musste. So ist nach Darstellung der Deuteronomisten vor allem der Isebel und ihrer religiösen Einflussnahme auf die Religion im Land die Zerstörung Jerusalems und des Tempels zu verdanken.
Elia ist der Mann der Deuteronomisten, der Mann Gottes. Isebel Vertreterin der Göttinnen und Götter. Mann gegen Frau, Gott gegen Göttin, Priester gegen Priesterin, Prophet gegen Prophetinnen.
Nach dem Exil sind die Göttin und deren Kult ausgelöscht. Israel war durch die Deuteronomisten auf ‚männliche', auf patriarchale Linie gebracht.

Heilen - Eine vergessene Gabe des Heiligen Geistes

Ein Blick ins Neue Testament

‚Menschen ohne Orientierung bietende innere Leitbilder sind verloren.‘ (Gerald Hüther, Die Macht der inneren Bilder, Göttingen 2006)

Vernunft gegen Glaube

Mit der Aufklärung im 18. Jahrhundert erklärten viele allein die Vernunft zur Grundlage ihres Bekenntnisses. Nicht mehr der Glaube, sondern die Vernunft wurde das Maß aller Dinge. Damit einhergehend gelang der Wissenschaft ein wichtiger Schritt, sich aus den Bindungen an die Kirche zu befreien, die zuvor die Bedingungen für wissenschaftliches Denken bestimmt hatte. Danach erfolgte ein Quantensprung wissenschaftlicher Möglichkeiten und Erkenntnisse. Die Forschung, einmal von der Bevormundung durch die Kirche befreit, begann einen Aufbruch zu neuen Ufern, deren Horizonte grenzenlos zu sein schienen. Dass sie grenzenlos sind, aber immer wieder einer ethischen, einer werte-, aber auch zukunftsorientierten Reflexion bedürfen, erkennen wir heute in zunehmendem, manchmal auch erschreckendem Masse.
Aber zunächst einmal wurde allein die Vernunft, allein dass, was wissenschaftlich, das hieß oft ‚naturwissenschaftlich‘, erwiesen bzw. bewiesen werden könnte, zur Grundlage des Denkens. Dass diese neu gewonnene Freiheit viele Dinge, die bisher als unabänderlich und verbindlich galten, in Frage stellte, lag auf der Hand. Dogmen, Glaubensüberzeugungen, Wunder, und damit einhergehend der Machtanspruch, auch der politische der Kirche, der sich aus bisher geltenden Wertmaßstäben ableitete, wurden nicht nur relativiert, ihre Gültigkeit, ihre Wahrheit und damit die Wahrheit, die die Kirche bisher für sich beanspruchte, standen auf dem Spiel. Und dieses Spiel verlor die Kirche, obwohl sie vehement versuchte, sich dagegen zu wehren. Der Antimodernisteneid in der röm.-katholischen Kirche forderte zwischen den Jahren 1910 bis 1967 von Priestern, Pfarrern, Kanonikern, kirchlichen Beamten und Ordensoberen, den Erkenntnissen der Aufklärung abzuschwören. Auf der anderen Seite zogen wissenschaftliche Kriterien in die Versuche ein, biblische Texte zu verstehen. Exegetisch-kritische Methoden (Literarkritik, Überlieferungskritik usw.) wurden entwickelt. Mit der Entmythologisierung, dem Versuch, all das, was sich in den biblischen Texten aus alten Mythen ableiten ließ und sich nicht naturwissenschaftlicher Erkenntnis erschloss, zu eliminieren, fand der Prozess der Aufklärung in der theologischen Wissenschaft einen vorläufigen Höhepunkt. Das Ergebnis war wenig erfreulich. Vielleicht könnte man es als Profanisierung kirchlichen Denkens beschreiben: Religion wurde des Heiligen, das Heilige seines Mythos beraubt und beides, Religion und Heiliges wurden Funktion menschlicher Existenz. Die Dreidimensionalität

menschlichen Seins, das sich als Körper, Geist und Seele definiert, die in der Natur, in der Vernunft, in Gott ihre Bezugspunkte fand, hielt naturwissenschaftlicher Erkenntnis nicht mehr stand. Die Seele wurde ausgeklammert, Wunder wurden ausgeklammert, mit dem Ergebnis, dass man diese einem ganz eigenen Bereich, der Esoterik, überließ. So sind die Seele, Wunder, Engel, Heilung wichtige Kernbereiche einer neuen religiösen Strömung, die nicht strukturell oder hierarchisch organisiert ist, aber heute in den Buchhandlungen mehr Bücherregale füllt als christlich-kirchliche Bände.

Heilen als urchristliches Thema

So wird auch über das Thema ‚heilen' in der Kirche nicht mehr gesprochen. Es wird der Medizin, der Schulmedizin, vielleicht noch ein wenig, zumindest in Teilbereichen alternativen, sprich: Naturheilverfahren überlassen. Selbst über die Wunderheilungen Jesu zu sprechen, wird in kirchlichen Kreisen schnell unangenehm, weil man sich diesen mit naturwissenschaftlichen Methoden schlecht nähern kann. So werden sie lieber weg-exegisiert als zum Gegenstand theologischer Reflektion erhoben.

Dies ist vor allem deshalb sehr eigenartig, weil eine Strömung jüdischer und dann auch frühchristlicher Theologie die Frage des Messias an der Frage seiner Heilungsvollmacht festmachte.

Wir lesen in Lk. 4, 16ff: *Und er (Jesus) kam nach Nazareth, wo er aufgewachsen war, und ging nach seiner Gewohnheit am Sabbat in die Synagoge und stand auf und wollte lesen. Da wurde ihm das Buch des Propheten Jesaja gereicht. Und als er das Buch auftat, fand er die Stelle, wo geschrieben steht (Jesaja 61, 1-2): ‚Der Geist des Herrn ist auf mir, weil er mich gesalbt hat, zu verkündigen das Evangelium den Armen; er hat mich gesandt, zu predigen den Gefangenen, dass sie frei sein sollen, und den Blinden, dass sie sehen sollen, und den Zerschlagenen, dass sie frei und ledig sein sollen, zu verkündigen das Gnadenjahr des Herrn.' Und als er das Buch zutat, gab er's dem Diener und setzte sich. Und aller Augen in der Synagoge sahen auf ihn. Und er fing an, zu ihnen zu reden: Heute ist dieses Wort der Schrift erfüllt vor euren Augen.*

Dies konkretisiert Lk. wenige Kapitel später in 7, 18ff (vgl. Mt. 11, 2ff): *Und Johannes rief zwei seiner Jünger zu sich und sandte sie zum Herrn und ließ ihn fragen: bist du der da kommen soll, oder sollen wir auf einen anderen warten? Als aber die Männer zu ihm kamen, sprachen sie: Johannes der Täufer hat uns zu dir gesandt und lässt dich fragen: bis du, der da kommen soll, oder sollen wir auf einen andern warten? Zu der Stunde machte Jesus viele gesund von Krankheiten und Plagen und bösen Geistern, und vielen Blinden schenkte er das Augenlicht. Und Jesus antwortete und sprach zu ihnen: Geht und verkündet Johannes, was ihr gesehen und gehört habt: Blinde sehen, Lahme gehen,*

Aussätzige werden rein, Taube hören, Tote stehen auf, Armen wird das Evangelium gepredigt; und selig ist, wer sich nicht ärgert an mir.
Heilen als ein vom Glauben her mögliches Handeln finden wir kaum mehr in Kirchen, die landeskirchlich organisiert sind. Wir finden es in charismatischen Gemeinden. Hier werden Heilungs- und Segnungsgottesdienste gefeiert. Die Kirche betrachtet dieses und diese mit skeptischer Distanz ohne zu verstehen, dass hier Gemeinschaften Fragen aufgenommen und in Handeln umgesetzt haben, die in den verfassten Kirchen nicht mehr gestellt und deshalb auch nicht mehr beantwortet werden. Ein entsprechendes Tun vermisst man aus diesem Grunde ebenfalls. Dabei wusste Paulus doch auch von der Gabe des Heilens, als eine der vielen Charismen, die der Geist Gottes gibt: *Es sind verschiedene Gaben; aber es ist ein Geist. Und es sind verschiedene Ämter; aber es ist ein Herr. Und es sind verschiedene Kräfte; aber es ist ein Gott, der da wirkt alles in allen. In einem jeden offenbart sich der Geist zum Nutzen aller; dem einen wird durch den Geist gegeben, von der Weisheit zu reden; dem andern wird gegeben, von der Erkenntnis zu reden, nach demselben Geist; einem andern Glaube, in demselben Geist; einem andern die Gabe, gesund zu machen, in dem einen Geist; einem anderen die Kraft, Wunder zu tun; einem anderen prophetische Rede; einem andern die Gabe, die Geister zu unterscheiden; einem andern mancherlei Zungenrede; einem andern die Gabe, sie auszulegen. Dies alles aber wirkt derselbe eine Geist und teilt einem jeden das Seine zu, wie er will.* (Röm. 12, 1ff).
Was also ist aus den Charismen, die der Geist gibt, geworden? Gibt es sie nicht mehr, weil sich der Geist heutigen Menschen verschließt? Oder gibt es nur noch ein paar wenige? Oder gibt es sie noch alle, aber sind nur noch den Menschen offenbar, die mit dem Sein des Heiligen rechnen, die Vernunft und Glauben als sich gegenseitig ergänzende Wirklichkeiten verstehen, die den Menschen als Körper, Geist und Seele betrachten und Himmel und Erde, im Zweifelsfall sogar die Hölle, als jeweiliges Spiegelbild der Welt erklären?

Was verstehen wir unter Heilung?

Hier schließe ich mich gerne der Erklärung an, die ich in Wikipedia (Stichwort, Heilung, 26. 4. 2011) gefunden habe: *‚Der Begriff Heilung bezeichnet den Prozess der Herstellung oder Wiederherstellung der körperlichen und seelischen Integrität aus einem Leiden oder einer Krankheit, oder die Überwindung einer Versehrtheit oder Verletzung durch Genesung. Während der Heilungsbegriff etymologisch eher durch ein ganz werden bestimmt ist (siehe „Heil"), bezeichnet genesen (von griech.: ‚neomai') ursprünglich ein Davongekommensein aus einer Gefahr.'*
Wir finden das Wort ‚heilen' in diesem Sinne 12mal im Alten und 7 mal im Neuen Testament. Im Alten Testament wird mit ‚heilen' jeweils ein Handeln Gottes beschrieben, im Neuen ein Tun Jesu. Eng verbunden mit dem Wort

‚heilen' ist das Wort ‚Heiland', ich erwähnte es bereits eben bei der Anfrage des Johannes an Jesus. Dieses finden wir 9mal im Alten Testament, 13mal im Neuen (nur Lukas und Johannes verwenden den Begriff). Synonym gebraucht wird häufig das Wort ‚Retter'. Heiland ist eine messianische Bezeichnung und wird darum auch auf Jesus angewandt. Auch das Wort ‚Heil' sollte hier Erwähnung finden, das uns im Alten Testament 28mal begegnet, im Neuen Testament 13mal.

Heilung im Alten Testament

Bevor ich mich meiner eigentlichen Frage, der von Heiligung im Neuen Testament zuwende, möchte ich dieselbe Frage an das Alte Testament stellen, vor allem, weil hier die Vorgaben gegeben werden, wie Krankheit zu verstehen ist und wie und warum Heilung geschieht.

Im Alten Testament steht *‚hinter jeder Erfahrung von Krankheit und Leid ... die Überzeugung, dass letztlich Gott selbst Ursache aller menschlichen Erfahrung ist, also auch von Schicksalsschlägen und Krankheiten. Die Krankheit gilt selbst als Symptom dafür, dass der oder die Kranke außerhalb der göttlichen Schöpfungsordnung steht ..., die je nach Schwere der Erkrankung bis in die Todessphäre hineinreichen kann (Ps. 88). Das gilt in gleicher Weise für individuelle (vgl. 2. Chr. 21,15-20; Num. 12,10; Ps. 16,2; Ps. 32,10; Hi. 1,21; Hi. 2,10) wie auch für kollektive Krankheiten (vgl. Lev. 26,25; Num. 14,12; Dtn. 28,12f; 1. Kön. 8,37; 2. Chr. 21,12-14)...*

Da sich das medizinische Wissen im Alten Israel in erster Linie als Erfahrungswissen darstellte, fungierten auch Propheten wie Jesaja (Jes. 38,1.21) oder die Gottesmänner Elia und Elisa (1. Kön. 17,17-24; 2. Kön. 4,17-37) als Heiler bzw. Diagnostiker (1. Kön. 14,1-3). Von einer Wunderheilung verbunden mit einem Ritual durch den Propheten Elisa erzählt 2. Kön. 5,14. Auch weise Frauen und Männer wurden als Heilkundige herbeigezogen. Als Musiktherapeut hilft David dem gemütskranken (depressiven?) Saul, indem er ihm auf seiner Harfe Musik vorspielt (1. Sam. 16).

Der Erfolg der Heilung ist letztlich stets Gott zuzuschreiben, der durch den Propheten und dessen Heilmittel wirkt (2. Kön. 20,8; Jes. 38,16-20). Die Gottesmänner sind stets Mittler der göttlichen Heilkraft, sie heilen nicht durch eigene magische Kräfte.'[134]

Um dies zu konkretisieren sei als Beispiel für eine alttestamentliche Heilungsgeschichte die des Elia (1. Kön. 17, 17ff) erzählt: *Und nach diesen Geschichten wurde der Sohn seiner Hauswirtin krank und seine Krankheit wurde so schwer, dass kein Odem mehr in ihm blieb. Und sie sprach zu Elia: Was hab ich mit dir zu schaffen, du Mann Gottes? Du bist zu mir gekommen, dass meiner Sünde gedacht und mein Sohn getötet würde. Er sprach zu ihr: Gib*

---

[134] Stichwort: Krankheit und Heilung, in: Das wissenschaftliche Bibellexikon im Internet

mir deinen Sohn! Und er nahm ihn von ihrem Schoß und ging hinauf ins Obergemach, wo er wohnte, und legte ihn auf sein Bett und rief den Herrn an und sprach: Herr, mein Gott, tust du sogar der Witwe, bei der ich ein Gast bin, so Böses an, dass du ihren Sohn tötest? Und er legte sich auf das Kind drei Mal und rief den Herrn an und sprach: Herr, mein Gott, lass sein Leben in dies Kind zurückkehren! Und der Herr erhörte die Stimme Elias und das Leben kehrte in das Kind zurück, und es wurde wieder lebendig. Und Elia nahm das Kind und brachte es hinab vom Obergemach ins Haus und gab es seiner Mutter und sprach: Sieh da, dein Sohn lebt! Und die Frau sprach zu Elia: Nun erkenne ich, dass du ein Mann Gottes bist, und des Herrn Wort in deinem Munde ist Wahrheit.
Unterstrichen sei der Gedanke, dass im Alten Testament Krankheit von Gott trennt, Heilung wieder zu ihm und in die Gemeinschaft mit ihm und dem ganzen Volk zurückführt.

Heilung im Neuen Testament

Heilende Frauen und Männer hat es zu allen Zeiten und in allen Kulturen gegeben. Wenn ich mir nun das heilende Handeln von Jesus anschaue, so sehe ich ihn in einer Reihe mit den geistheilenden Frauen und Männern vor, während und nach seiner Zeit. Damit möchte ich Jesus nicht auf sein heilendes Handeln beschränkt wissen. Denn das Bekenntnis zu Jesus, dem Heiland, umfasst weitaus mehr als sein Heilen, zumal der Titel ‚Heiland‘ zu einem messianischen Begriff geworden ist, der gleichzeitig eine soziale, eine politische, eine theologische und eine eschatologische Funktion hat. Gleichwohl möchte ich unterstreichen, dass auch Heilen selbst, von wem auch immer ausgeübt, eine soziale, politische und theologische Komponente beinhaltet.

Die Person des Heilers

Betrachten wir chronologisch die für unser Thema möglicherweise wichtigen Stationen aus der Biografie Jesu. Ich folge hier dem Matthäusevangelium. Zu Beginn finden wir nach einer Genealogie, die Jesus in die Reihe der großen Männer und Frauen seines Volkes stellt, den, im Vergleich zu Lukas, eher kargen Bericht über Jesu Geburt. Nach seiner Taufe durch Johannes, hier wird Jesus etwa 30 Jahre gewesen sein, zieht er sich für 40 Tage und 40 Nächte zur Sammlung in die Wüste zurück. In der Einsamkeit der Wüste fastet er. In dieser Zeit versucht der Teufel dreimal vergeblich, ihn für seine Sache zu gewinnen. Dann aber beginnt Jesus sein Wirken in Galiläa und predigt. Matthäus fasst den Inhalt seiner Predigt in dem kurzen Satz zusammen: *Tut Buße, denn das Himmelreich ist nahe herbeigekommen!* (Mt. 4, 17). Und nachdem er seine ersten Jünger berufen hatte, fährt Mt. noch im gleichen Kapitel (4, 23f) fort: *Und Jesus zog umher in ganz Galiläa, lehrte in ihren Synagogen und predigte*

das Evangelium von dem Reich und heilte alle Krankheiten und alle Gebrechen im Volk. Und die Kunde von ihm erscholl durch ganz Syrien. Und sie brachten zu ihm alle Kranken, mit mancherlei Leiden und Plagen behaftet, Besessene, Mondsüchtige und Gelähmte; und er machte sie gesund.
Im weiteren Verlauf des Evangeliums wechseln sich Predigten, Heilungen, weitere Wundertaten Jesu und die geschichtlichen Ereignisse ab, bis sie in der Passions- und Ostererzählung ihren Höhepunkt finden. Ähnliche, manchmal fast gleiche Inhalte finden wir in den anderen Evangelien.

Fassen wir hier an dieser Stelle Folgendes zusammen: Matthäus stellt den heilenden Jesus in die religiöse Tradition seines Volkes und damit in unmittelbare Beziehung seines Volkes zu Gott. Diese Tradition pflegt Jesus. Er ist und bleibt Jude trotz seiner kritischen Auseinandersetzung mit der Hierarchie des Jerusalemer Tempels. Er besucht zu allen Gelegenheit Synagogen und den Jerusalemer Tempel, er betet, er fastet, folgt den jüdischen Gesetzen und Gebräuchen und sieht die fundamentale Ursache für das Böse, das sein Volk erleidet (zB. die römische Besetzung), in der Sünde des Volkes. Darum sein Ruf: tut Buße! Und es ist sein Glaube, seine intensive Gottesbeziehung, die ihn zum Heilen bevollmächtigt. Denn wie wir oben schon gesehen haben, ist auch er, Jesus, nur das Werkzeug der Heilung. Der Heilung Bewirkende ist Gott.

Heilen durch Wort und Berühren

Mk. (1, 21-28) und Lk. (4, 31-37) berichten von der Heilung eines Besessenen in Kapernaum. Jesus lehrte am Sabbat in der Synagoge. In dieser Synagoge saß auch ein Mann, der von einem unreinen Dämon besessen war. Dieser Dämon begann plötzlich, Jesus zu beschimpfen. Daraufhin bedrohte Jesus den bösen Geist und sprach: sei still und fahre von ihm aus! Da riss ihn der Dämon in der Mitte und fuhr von dem Mann aus, ohne ihm Schaden zu tun. Wenig später erzählt Mk. (1, 29-34), und Lk. (4, 38-41) und Mt. (8, 14-17) schließen sich ihm an, wie Jesus die Schwiegermutter des Petrus heilt. Sie litt an Fieber. Jesus ging zu ihr, nahm ihre Hand, richtete sie auf und das Fieber verließ sie. Darauf heilt Jesus einen Aussätzigen, indem er ihn berührt. Der Aussätzige war zuvor zu Jesus gekommen und hatte ihm gesagt, dass, wenn Jesus wolle, er ihn gesund (rein) machen könne (Mk. 1, 40-45; Mt. 8, 1-4; Lk., 5, 12-16). Nur auf ein Wort hin, ohne den Kranken zu sehen, heilt Jesus den Knecht eines römischen Hauptmanns (Mt. 8, 5-13, Lk. 7, 1-10). Ähnliches geschieht der Tochter einer Frau aus Kanaan (Mk. 7, 24-30; Mt. 15, 21-28). Zehn Aussätzige heilt er, die zu ihm gekommen waren und ihn um Hilfe baten. Es wird nichts weiter gesagt, als dass Jesus sie zu den Priestern sandte, die über rein und unrein, d. h. zwischen gesund und krank, zu urteilen hatten. Auf dem Weg zu den Priestern werden sie rein (Lk. 17, 11- 19). Bei einer Blindenheilung (Mt. 20, 29-34; Mk. 10, 46-52; Lk. 18, 35-43) fragt Jesus, bevor er heilt, was er für die Blinden tun könne. Erst als sie den Wunsch nach Heilung geäußert haben, heilt Jesus sie. Bei Mk. und Lk. auf das Wort Jesu hin, bei Mt., nachdem Jesus die Augen der Blinden berührt hatte. In Bethsaida (Mk. 8, 22-26; Joh. 9, 1-7) heilt Jesus einen Blinden, indem er ihm in die Augen spuckt, ihm die Hände in die Augen legt und die Berührung der Augen mit den Händen wiederholt, weil beim ersten Mal die Sehkraft noch nicht gänzlich wiederhergestellt war. Bei Joh. spuckt Jesus in den Sand, rührt einen Teig, streicht ihm den in die Augen und sagt ihm, er solle seine Augen in einem Teich auswaschen. Das tut der Blinde und das Augenlicht kehrt zurück. Interessant ist die Heilung von zwei Besessenen aus der Gegend der Gerasener (Mk. 5, 1-10; Mt8, 28-34, Lk. 8, 26-39). Auch hier beschimpfen die bösen Geister Jesus, weil sie wissen, dass er der Sohn des Höchsten ist. Die Dämonen nun bitten Jesus, dass er erlaube, aus den Besessenen aus- und in eine Schweineherde zu fahren, die sich in der Nähe befand. Dies erlaubt ihnen Jesus. Nachdem die Dämonen in die Schweine gefahren sind, stürzen sie sich einen Abhang hinunter in einen See und ertrinken dort.

Ich fasse auch hier zusammen: Heilung bei Jesus geschieht durch Zuwendung, durch Berührung der Hände. Manchmal reicht auch ein Wort. Bei den Exorzismen ist interessant, dass es wohl jeweils ein Wortgefecht zwischen den Dämonen und Jesus gibt, das die Dämonen provozieren. Von ihnen angegriffen bedroht Jesus die Dämonen. Nicht nur das Besessen-Sein der jeweiligen Menschen, sondern auch dass Jesus sie mit der Wahrheit konfrontiert und dadurch die Dämonen bedroht, wird für die Besessenen eine große Belastung sein, die sie in Grenzbereiche ihrer Existenz führt. Von Hilfsmitteln (hier: Speichel bzw. Brei) zur Heilung ist nur bei der Blindenheilung in Bethsaida die Rede.

Die Kraft des Heilers

Bei zwei Heilungswundern gibt es eine Besonderheit zu berichten. Mk. schreibt im 5. Kapitel (25ff, vgl. auch Lk. 8, 43ff): *Und da war eine Frau, die hatte den Blutfluss seit 12 Jahren und hatte viel erlitten von vielen Ärzten und all ihr Gut dafür aufgewandt; und es hatte ihr nichts geholfen, sondern es war noch schlimmer mit ihr geworden. Als sie von Jesus hörte, kam sie in der Menge von hinten heran und berührte sein Gewand. Denn sie sagte sich: Wenn ich nur seine Kleider berühren könnte, so würde ich gesund. Und sogleich versiegte die Quelle ihres Blutes, und sie spürte es am Leibe, dass sie von ihrer Plage geheilt war. Und Jesus spürte sogleich an sich selbst, dass eine Kraft von ihm ausgegangen war, und wandte sich um in der Menge und sprach: Wer hat meine Kleider berührt? Und seine Jünger sprachen zu ihm: Du siehst, dass dich die Menge umdrängt, und fragst: Wer hat mich berührt? Und er sah sich um nach der, die das getan hatte. Die Frau aber fürchtete sich und zitterte, denn sie wusste, was an ihr geschehen war; sie kam und fiel vor ihm nieder und sagte*

ihm die ganze Wahrheit. Er aber sprach zu ihr: Meine Tochter, dein Glaube hat dich gesund gemacht; geh hin in Frieden und sei gesund von deiner Plage.
Kurz berichten Mk. (6, 53-56) und Mt. (14, 34-36), dass man aus der ganzen Landschaft Kranke zu Jesus brachte. Sie baten Jesus, ob die Kranken die Quasten seines Gewandes berühren dürften. Allein dies reichte den Kranken, wie der blutflüssigen Frau, dass sie gesund wurden.
Die Kraft, die Energie, die Heilen bewirkt, ist eine spürbare. Für Jesus, der sie spürt, wenn er heilt, sogar wenn er es nicht bewusst tut, und für die, die geheilt werden. Es reicht, wenn sie ihn berühren, selbst wenn es nur die Quaste seines Gewandes ist. Ein weiterer Gedanke sei bei diesem letzten Textbeispiel unterstrichen, vor allem, weil es in den meisten Heilungsgeschichten wiederkehrt. Die heilende Kraft des Heilers kommuniziert mit dem Glauben des Kranken. Heilung und Glaube sind dialogisch aufeinander bezogen.

Sündenvergebung und Heilung

Eine einmalige, aber interessante Verknüpfung von Sündenvergebung und Heilung erzählen die synoptischen Evangelisten (Mk. 2, 1-12; Mt. 9, 1-8; Lk. 5, 17-26). Ich lese die kürzere Version aus Mt.: *Da stieg er in ein Boot und fuhr hinüber und kam in seine Stadt. Und siehe, da brachten sie zu ihm einen Gelähmten, der lag auf einem Bette. Als nun Jesus ihren Glauben sah, sprach er zu dem Gelähmten: Sei getrost, mein Sohn; deine Sünden sind dir vergeben. Und siehe, einige unter den Schriftgelehrten sprachen bei sich selbst: Dieser lästert Gott. Als aber Jesus ihre Gedanken sah, sprach er: Warum denkt ihr so Böses in euren Herzen? Was ist denn leichter, zu sagen: Deine Sünden sind dir vergeben, oder zu sagen: Steh auf und geh umher? Damit ihr aber wisst, dass der Menschensohn Vollmacht hat; auf Erden die Sünden zu vergeben – sprach er zu dem Gelähmten: Steh auf, hebe dein Bett auf und gehe heim! Und er stand auf und ging heim.*
Hier in dieser Heilungsgeschichte scheint die Vergebung der Sünden, die erst die Beziehung zu Gott wieder herstellt, Voraussetzung für die Heilung zu sein. Erst der, der mit Gott wieder im Reinen ist, kann geheilt werden. Interessant bei diesem Wunder ist ebenfalls, dass der Glaube derer, die den Gelähmten zu Jesus tragen, entscheidend ist für das, was anschließend geschieht. *Als nun Jesus ihren Glauben sah, sprach er zu dem Gelähmten...* Auch in dieser Einzelheit stimmen die synoptischen Evangelien überein. Es ist der stellvertretende Glaube, der die Möglichkeit der Heilung in Kraft setzt. Der Glaube des Gelähmten wird nicht erwähnt. Er bleibt in der ganzen Geschichte passiv zumindest solange, bis er Heilung erfährt.
Der Zusammenhang von Sünde und Krankheit wird von Johannes (Joh. 9, 1ff) in einer bereits erwähnten Geschichte befragt: *Und Jesus ging vorüber und sah einen Menschen, der blind geboren war. Und seine Jünger fragten ihn und sprachen: Meister, wer hat gesündigt, dieser oder seine Eltern, dass er blind*

geboren ist? Jesus antwortete: Es hat weder dieser gesündigt noch seine Eltern, sondern es sollen die Werke Gottes offenbar werde an ihm... Und dann folgt die Heilung des Blinden, indem Jesus ihm einen mit seiner Spucke und Sand vermischten Teig auf die Augen streicht und dem Blinden aufträgt, er solle sich nun seine Augen am Teich Siloah auswaschen. Hier sei hinzugefügt, dass die Wundergeschichten bei Joh. einen von den synoptischen Evangelien verschiedenen Charakter haben, was schon in ihrer Bezeichnung deutlich wird. Denn Joh. spricht nicht von Wundern, sondern von Zeichen, die allein der Verherrlichung Gottes bzw. seiner Werke dienen. Der Zusammenhang von Sünde und Krankheit wird nicht weiter thematisiert, wohl auch weil Joh. diesen im Alten Testament grundlegenden Zusammenhang (den Zusammenhang von Tun und Ergehen) so nicht mehr gelten lassen möchte.

Vollmacht zur Heilung und das Gebet

Mk. erzählt die Heilung eines Taubstummen (Mk. 7, 31-37): *Und sie brachten zu ihm einen, der taub und stumm war und baten ihn, dass er die Hand auf ihn lege. Und er nahm ihn aus der Menge beiseite und legte ihm die Finger in die Ohren und berührte seine Zunge mit Speichel und sah auf zum Himmel und seufzte und sprach zu ihm: Hefata*!, *das heißt: tu dich auf! Und sogleich taten sich seine Ohren auf und die Fessel seiner Zunge löste sich, und er redete richtig.*

Hier in dieser Geschichte geht der Heilung durch Berührung das Gebet voraus. Erst blickt, wir dürfen hinzufügen: betet, Jesus zu Gott, dann heilt er. Und Mt. (21, 22) und Mk. (11, 24) wissen: die Kraft auch zur Heilung ist die Synergie aus Glaube und Gebet. Das gilt auch für die, die nach Jesus leben. So sagt er seinen Jüngern: *Alles, was ihr bittet in eurem Gebet, glaubt nur, dass ihr's empfangt, so wird's euch zuteilwerden.* Diese waren schon zuvor von Jesus zur Austreibung der bösen Geister bevollmächtigt. So lesen wir bei Lk. 9, 1f (vgl. auch Mt. 10, 1): *Er (Jesus) rief die Zwölf zusammen und gab ihnen Gewalt und Macht über alle bösen Geister und dass sie Krankheiten heilen konnten und sandte sie aus, zu predigen das Reich Gottes und die Kranken zu heilen.* Und Mk. 6, 12 konkretisiert: *Und sie zogen aus und predigten, man solle Buße tun, und trieben viele böse Geister aus und salbten viele Kranken mit Öl und machten sie gesund.* Interessant auch hier die Reihenfolge: Predigt, Aufruf zur Buße, Exorzismen und schließlich Krankenheilungen (mit Öl).

Die Apostelgeschichte weiß von Wundern, die die Jünger wirkten (2, 43; 3, 1ff). So lesen wir 5, 12ff: *Es geschahen aber viele Zeichen und Wunder im Volk durch die Hände der Apostel; ... das Volk hielt viel von ihnen ...., sodass sie die Kranken sogar auf die Straßen hinaustrugen und sie auf die Betten und Bahren legten, damit, wenn Petrus käme, wenigstens sein Schatten auf einige von ihnen fiele. Es kamen auch viele aus den Städten rings um Jerusalem und*

brachten Kranke und solche, die von unreinen Geistern geplagt waren; und alle wurden gesund.
Vom Gebet, das Heilung bewirken kann, ist dann auch in relativ späten neutestamentlichen Schriften zu lesen. So schreibt Jakobus (um die erste Jahrhundertwende unserer Zeitrechnung, + / - 20 Jahre) in seinem Brief (5,13ff): *Leidet jemand unter euch, der bete; ist jemand guten Mutes, der singe Psalmen. Ist jemand unter euch krank, der rufe zu sich die Ältesten der Gemeinde, dass sie über ihm beten und ihn salben mit Öl in dem Namen des Herrn. Und das Gebet des Glaubens wird dem Kranken helfen, und der Herr wird ihn aufrichten; und wenn er Sünden getan hat, wird ihm vergeben werden. Bekennt also einander eure Sünden und betet füreinander, dass ihr gesund werdet. Des Gerechten Gebet vermag viel, wenn es ernstlich ist.*
Der Vollständigkeit halber sei auch ein Abschnitt aus Mk. (9, 38ff, vgl. auch Lk. 9, 49f) erwähnt: *Johannes sprach zu ihm (Jesus): Meister, wir sahen einen, der trieb böse Geister in deinem Namen aus, und wir verboten's ihm, weil er uns nicht nachfolgt. Jesus aber sprach: Ihr sollt's ihm nicht verbieten. Denn niemand, der ein Wunder tut in meinem Namen, kann so bald übel von mir reden. Denn wer nicht gegen uns ist, der ist für uns.*
Die Frage, welche Macht Heilen bewirkt, beantwortet Mk. (3, 22) in einem Gespräch Jesu mit den Schriftgelehrten: *Die Schriftgelehrten aber, die von Jerusalem herabgekommen waren, sprachen: Er hat den Beelzebul, und: Er treibt die bösen Geister aus durch ihren Obersten. Jesus aber rief sie zusammen und sprach zu ihnen in Gleichnissen: wie kann der Satan den Satan austreiben? Wenn ein Reich mit sich selbst uneins wird, kann es nicht bestehen. Und wenn ein Haus mit sich selbst uneins wird, kann es nicht bestehen. Erhebt sich nun der Satan gegen sich selbst und ist mit sich selbst uneins, so kann er nicht bestehen, sondern es ist aus mit ihm. Niemand kann aber in das Haus eines Starken eindringen und seinen Hausrat rauben, wenn er nicht zuvor den Starken fesselt; erst dann kann er sein Haus berauben.*

Heilen, weil es gut ist, weil es neues Leben bewirkt, kann nur durch das Gute bevollmächtigt sein, letztendlich durch Gott. Auch wenn ich etwas Gutes tue mit schlechter Absicht, es bleibt gut. Es kann geschehen, dass ich etwas Gutes tun möchte, aber es gelingt nicht. So bleibt zumindest die Absicht gut, und schon das zählt und darf sich von Gott bevollmächtigt wissen. Das Gute, das ein böser Mensch bewirkt, wird dadurch nicht gleich schlecht, es bleibt gut. So gilt auch umgekehrt: das Böse, das ein guter Mensch tut, ist böse.

An einer Stelle lesen wir auch etwas von einem, ich möchte fast sagen, antiken Wallfahrtsort, der Heilung verspricht. Wir lesen bei Joh. (5, 2ff): *Es ist aber in Jerusalem beim Schaftor ein Teich, der heißt auf Hebräisch Betesda. Dort sind fünf Hallen; in denen lagen viele Kranke, Blinde, Lahme, Ausgezehrte. Es war aber dort ein Mensch, der lag achtunddreißig Jahre krank. Als Jesus den liegen*

sah und vernahm, dass er schon so lange gelegen hatte, spricht er zu ihm: willst du gesund werden? Der Kranke antwortete ihm: Herr, ich habe keinen Menschen, der mich in den Teich bringt, wenn das Wasser sich bewegt; wenn ich aber hinkomme, so steigt ein anderer vor mir hinein. Jesus spricht zu ihm: Steh auf, nimm dein Bett und geh hin! Und sogleich wurde der Mensch gesund und nahm sein Bett auf und ging hin.
Auf die Heilung durch Jesus folgt nun eine Diskussion über das Schabbathgebot zwischen Schriftgelehrten und dem nun Gesunden. Denn dieser trägt sein Bett, was er am Schabbath nicht tragen dürfte, und die Schriftgelehrten beginnen, Jesus nach dem Leben zu trachten, weil er vermeintlich das Schabbathgebot, am Schabbath nicht zu heilen, gebrochen hatte. Ich ergänze einen noch folgenden Vers (Joh. 5, 14), der bei Joh. auf den Zusammenhang zwischen Krankheit und Sünde hinweist: *Danach fand ihn Jesus im Tempel und sprach zu ihm: ,Siehe, du bist gesund geworden; sündige hinfort nicht mehr, dass dir nicht etwas Schlimmeres widerfahre.*

Zusammenfassung und Schlussbemerkungen

Schon die Evangelisten instrumentalisieren hin und wieder die Heilungen Jesu, um, wie eben noch einmal erwähnt, den Gegensatz zwischen Jesus und der Jerusalemer Tempelautoritäten, die die verfasste jüdische Religion vertraten, zu thematisieren (zB. Heilungen an einem Sabbat). Neutestamentliche Exegesen (vgl. Gerd Theißen, Urchristliche Wundergeschichten), die sich historisch-kritischer Methoden verpflichtet wissen, legen in ihren Ausführungen nahe, dass es sich bei den Wundergeschichten immer wieder um vorgefasste Formulare handele, die einer regelmäßig wiederkehrenden Systematik folgen. Sie schließen daraus, dass damit wohl die Wahrheit des Berichteten zu relativeren wäre. Und doch: es lässt sich schwerlich weder dort noch hier leugnen, dass von Jesus Geistheilungen erzählt wurden. Denn zum einen hat es Geistheilungen immer gegeben. Warum sollte nicht also auch Jesus diese Gabe gehabt haben? Zum anderen lässt die Häufigkeit, in der von seinen Heilungen erzählt wird, kaum einen anderen Schluss zu.
Das heißt schlicht und einfach und ohne die Wundergeschichten hermeneutisch zu psychologisieren: Jesus heilte. Menschen, die krank waren, wurden heil. Jegliche Instrumentalisierung oder Psychologisierung dieser Tatsachen wird weder Jesus in seinem heilenden Handeln gerecht, noch nimmt es die Krankheit der Menschen, die von Jesus geheilt wurde, noch deren Heilwerden ernst. In der Folge des heilenden Handelns Jesu standen auch seine Jünger, dann auch die Ältesten in einer Gemeinde.
All den Zweiflern sei ein Wort in Erinnerung gerufen, dass Theodor Herzl zugesprochen wird: *,Wer nicht an Wunder glaubt, ist kein Realist.'* Und letztlich: ob in der Gemeinde, in einer Praxis oder wo und wann und wie auch immer: wer heilt, hat recht. So lohnte es sich auch für die verfasste Kirche, in all

ihren Bereichen über eine über lange Zeit vergessene Gabe des Heiligen Geistes nachzudenken, dem Heilen.

Ich schließe ergänzend mit einem Wort des Theophrastus von Hohenheim, Paracelsus genannt: ‚*Der Mensch besitze eine sichtbare und eine unsichtbare Werkstatt, die sichtbare sei der Körper, die unsichtbare die Imagination (Phantasia, Einbildung). Sie sei die Sonne in der Seele des Menschen. Der Geist sein Meister, die Seele sein Werkzeug, der Körper das formbare Material. Im Grunde brauche der Mensch keinen Arzt, der Arzt sei in uns selbst gegenwärtig, in unserer eigenen Natur sei alles verborgen, was wir bedürfen. … jede Heilung ist am Ende Selbstheilung.*' (aus Joachim Faulstich, Das Geheimnis der Heilung, München 2010, S. 102f)

‚… **und legte die Hände auf sie.‘** Gedanken zu Heilen, Segnen und Senden

Berührt werden

Das Große Springkraut oder ‚Impatiens noli tangere‘, wie es mit botanischem Namen heißt, findet sich weit verbreitet auch in unseren Wäldern. Wir kennen die Pflanze im vulgären Sprachgebrauch auch als: ‚Rühr-mich-nicht-an‘. Wer sich ihr im fortgeschrittenen Sommer nähert, findet neben wenig verbliebenen gelben Blüten auch dickere, aufgeschwollen scheinende Hülsen. Bei Berührung platzen sie auf und die Samen springen weit auseinander.
‚Impatiens noli tangere‘. Ein eigenartiger, scheinbar widersinniger Name. Denn das ‚Impatiens‘ steht für ‚ungeduldig‘, das ‚noli tangere‘ für das ‚Rühr-mich-nicht-an‘. Warum also ungeduldig? Wenn es doch keiner berühren solle, worauf wartet es ungeduldig? Wenn es keiner berühren würde, würden die Hülsen aufbrechen und der Samen sich verbreiten? Nein! Oder ist es gerade das Verbot: ‚Rühr-mich-nicht-an!‘, was zum Berühren provozieren soll, damit ja keiner vorbeigehe, ohne es anzurühren? Ist der Name Provokation? Denn wie könnte sich sonst der Samen dieser Pflanze verstreuen?

Maria aus Magdala ist verzweifelt. Als sie zum Grab kam, war das Grab leer. Sie meinte, man hätte den Leichnam ihres toten Lieben (Jesus) gestohlen. Oder der Gärtner hätte ihn möglicherweise an einen anderen Ort gelegt. Johannes erzählt: Da ‚*wandte sie sich um und sieht Jesus stehen und weiß nicht, dass es Jesus ist. Spricht Jesus zu ihr: Frau, was weinst du? Wen suchst du? Sie meint, es sei der Gärtner, und spricht zu ihm: Herr, hast du ihn weggetragen, so sage mir, wo du ihn hingelegt hast; dann will ich ihn holen. Spricht Jesus zu ihr: Maria! Da wandte sie sich um und spricht zu ihm auf Hebräisch: Rabbuni!, das heißt: Meister! Spricht Jesus zu ihr: Rühre mich nicht an! Denn ich bin noch nicht aufgefahren zum Vater.*‘ (Joh. 20, 14ff)
Der Grund für die Aufforderung Jesu: ‚Rühre mich nicht an!‘ erschließt sich auch nach eingehendem Studium theologischer Kommentare nicht.
Ob es mit dem Wesen des Todes zu tun hat, das den Auferweckten noch umgibt? Denn im Judentum war und macht der Tod unrein und darum war jegliche Berührung mit Toten verboten. Oder ob es mit alten archaischen Gedanken zu tun hat, die meinen, dass durch die Berührung zwischen dem, der berührt und dem, der berührt wird, eine Einheit entsteht, so dass zwischen den Berührenden, also hier: Lebenden und Toten, nicht mehr zu unterscheiden ist?
Wie auch immer! Berührung ist ein Austausch zwischen dem/der Berührenden und dem/der/des Berührten. Dieser geschieht mehr oder weniger intensiv, mehr oder weniger nah, in allem aber sinnlich, weil er über unsere Sinne: hören,

sehen, fühlen, tasten erfahrbar geschieht. In der Berührung nehme ich Beziehung auf. Berührung ist soziales *Hand*eln, ist gefühlte, darum sinnliche Kommunikation und betrifft Körper, Geist und Seele.
In der Berührung[135] teile ich mich einem/einer Anderen mit. Ich nehme körperlichen Kontakt auf. Hände, manchmal sogar der ganze Körper dienen hierbei als Mittel, als Berührungsflächen. Durch eine Berührung verbinde ich mich mit dem/der anderen. Ich vermittele Wärme und Zärtlichkeit, signalisiere Schutz und Nähe, denn liebevolle Berührung beruhigt und tröstet. Sie vermittelt Geborgenheit und hilft, Spannungen zu lösen und Stress abzubauen. Berühren regt die Sinne an.
Eine Berührung kann aber auch unangenehm sein. Sie kann schmerzen, sie kann kalt sein. Wenn der/die Berührende Grenzen überschreitet, kann eine nicht gewollte Nähe oder zu viel Nähe erschrecken. Dann kann sie verletzen. Oft hinterlässt nicht gewollte Berührung Schaden auf Körper und Seele.
Berühren meint aber nicht nur einen körperlichen Kontakt. Berührt werden wir auch von Gesten, Handlungen, von Bildern, Worten, von Musik. Das kann ebenfalls angenehm oder unangenehm sein.
Jede Berührung bringt uns emotional in Bewegung. Denn was uns berührt, bewegt uns, lässt uns nicht kalt, geht unter die Haut, weckt Gefühle, verändert uns. Etymologisch[136] geht ‚rühren' und ‚berühren' zurück auf ‚bewegen', ‚in Bewegung setzen', ‚anstoßen'. So sind wir innerlich bewegt, wenn wir gerührt sind.
Manches berührt uns kaum, bleibt an der Oberfläche, einer höflichen, aber oberflächlichen Geste vergleichbar. Anderes aber berührt uns wirklich, geht sehr tief, hinterlässt auf unserer Seele einen bleibenden Eindruck. Denn alles, was sich auf der Haut abspielt, geht unter die Haut, betritt den Bereich des Gefühls und der Seele. So sind Berührungen immer intime Erfahrungen.
Die Theorie des Lernens verspricht großen Lernerfolg durch die Kombination von Hören, Lesen und Schreiben. Auch Berühren setzt einen Lernprozess in Gang, der im Zusammenspiel von körperlicher Berührung, berührender Musik und Berührung in bildhafter Wahrnehmung am ganzheitlichsten, intensivsten und wohl auch sehr nachhaltig sein dürfte.

Berührende Hände

Hände berühren, Hände tasten, Hände fühlen, Hände streicheln. Ein großer Teil körperlicher Berührung geschieht durch unsere Hände. Für die Antike ist die Hand der Teil des Körpers, in dem sich die Kraft des Menschen sammelt, der Kraft übertrug, der aber auch Kraft entziehen konnte. Oftmals symbolisierte die Hand das ganze Wesen. In alten jüdischen Darstellungen wurde Gott, da er

[135] vgl. Verena Kast, Mit Worten berühren, Plenarvortrag am 18. April 2006 im Rahmen der 56. Lindauer Psychotherapiewochen 2006, S. 1f.
[136] vgl. ebenda.

selbst ja nicht dargestellt werden durfte, in seiner Hand dargestellt. Bibelstellen sprechen von der Macht des Armes Gottes (zB. Deut. 4, 34, Jes. 8, 11, Hiob 5, 18, Ps. 89,22). Hände und Handamulette spielen von vor- und frühgeschichtlicher bis in hellenistische Zeit eine große Rolle. Heilende Hände wurden in vielen Kulturen den jeweiligen Herrschern zugeschrieben. Die Be*hand*lung wird zum medizinischen Begriff.

‚und legte die Hände auf sie'

Eine besondere Art der Berührung durch Hände ist die Handauflegung. In vielen religiösen Traditionen hat die Handauflegung große Bedeutung. Durch Handauflegen wird geheilt, gesegnet und Kraft bzw. der Geist (der Heilige Geist) übertragen.

1. Hände heilen

In einer Zeit, in der computergesteuerte Maschinen weite Teile der Diagnose und Therapie von Krankheiten übernommen haben, scheint die heilende Kraft der Hände vergessen zu sein. Das ist sonderbar, denn wer erinnert sich nicht gerne an die Hand der Mutter, wenn sie uns die Stirn berührte, um zu sehen, ob wir Fieber haben, wenn sie über unseren Bauch strich, weil wir Magenschmerzen hatten.

In allen antiken Kulturen wurde durch Hände oder Handauflegen geheilt, im Schamanismus, in alternativen Behandlungsmethoden bis heute. In biblischer Tradition Alten und Neuen Testaments kommt dem Heilen durch Berührung mit der Hand oder der Handauflegung große Bedeutung zu. Hiob zB. weiß von der Hand Gottes, die heilt (Hiob 5, 18). Die synoptischen Evangelien erzählen vom heilenden Händeauflegen Jesu (Mk. 6, 5, Lk. 4, 40). Lk. (13, 10ff) berichtet von einer Frau, die durch eine Krankheit krumm war und sich nicht mehr aufrichten konnte. *Als aber Jesus sie sah, rief er sie zu sich und sprach zu ihr: Frau, sei frei von deiner Krankheit! Und er legte die Hände auf sie; und sogleich richtete sie sich auf und pries Gott.* In Mt. 20, 29-34 heilt Jesus einen Blinden, in dem er die Augen des Blinden berührt. Mk. erzählt die Heilung eines Taubstummen (Mk. 7, 31-37): *Und sie brachten zu ihm einen, der taub und stumm war und baten ihn, dass er die Hand auf ihn lege. Und er nahm ihn aus der Menge beiseite und legte ihm die Finger in die Ohren und berührte seine Zunge mit Speichel und sah auf zum Himmel und seufzte und sprach zu ihm: Hefata!, das heißt: tu dich auf! Und sogleich taten sich seine Ohren auf und die Fessel seiner Zunge löste sich, und er redete richtig.*

Schon hier sei auf den Zusammenhang von Händeauflegen und Gebet hingewiesen, der Heilung bewirkt. Das unterstreichen auch Mt. (21, 22) und Mk. (11, 24): Heilung geschieht in der Synergie aus Glaube, Gebet und Handauflegen.

Die Möglichkeit zur Heilung haben auch die, die nach Jesus leben. So sagt er seinen Jüngern: *Alles, was ihr bittet in eurem Gebet, glaubt nur, dass ihr's empfangt, so wird's euch zuteilwerden.* Zuvor hatte Jesus seine Jünger zur Austreibung der bösen Geister bevollmächtigt. So lesen wir bei Lk. 9, 1f (vgl. auch Mt. 10, 1): *Er (Jesus) rief die Zwölf zusammen und gab ihnen Gewalt und Macht über alle bösen Geister und dass sie Krankheiten heilen konnten und sandte sie aus, zu predigen das Reich Gottes und die Kranken zu heilen.* Und Mk. 6, 12 konkretisiert: *Und sie zogen aus und predigten, man solle Buße tun, und trieben viele böse Geister aus und salbten viele Kranken mit Öl und machten sie gesund.* Hierzu werden sie auch die Hände auflegen, meint Jesus (Mk. 16, 18). Für den Evangelisten Markus fehlt einem Kranken Kraft. Diese wird dem Kranken durch die Jünger mithilfe von Salböl (vielleicht Olivenöl mit einer Beimischung von Gewürzen und Kräutern) und Handauflegung wieder übertragen. Dem Olivenöl werden schon in der Antike heilende, ‚übernatürliche' Kräfte zugeschrieben. Darum wird es als Heilmittel verwandt. Diese heilenden Kräfte des Öls werden im Neuen Testament durch den Heiligen Geist bewirkt. So erkennen wir bei diesen Heilungen ein ‚ganzheitliches' Verständnis von Genesung. Hier fließen durch Salbung, Handauflegung und Gebet medizinische und religiöse Aspekte zusammen.
Es ist nicht ungewöhnlich, da sie die Fortsetzung des Lukasevangeliums ist, dass auch die Apostelgeschichte von Heilungen weiß. Hier bewirken sie die Jünger (2, 43; 3, 1ff). So lesen wir 5, 12ff: *Es geschahen aber viele Zeichen und Wunder im Volk durch die Hände der Apostel; ... das Volk hielt viel von ihnen ...., sodass sie die Kranken sogar auf die Straßen hinaustrugen und sie auf die Betten und Bahren legten, damit, wenn Petrus käme, wenigstens sein Schatten auf einige von ihnen fiele. Es kamen auch viele aus den Städten rings um Jerusalem und brachten Kranke und solche, die von unreinen Geistern geplagt waren; und alle wurden gesund.* Später konkretisiert Lukas diese allgemein gehaltene Information, wenn er (28, 7ff) von einer Heilung durch Handauflegung und Gebet schreibt: *In dieser Gegend hatte der angesehenste Mann der Insel (*Malta*), mit Namen Publius, Landgüter; der nahm uns auf und beherbergte uns drei Tage lang freundlich. Es geschah aber, dass der Vater des Publius am Fieber und an der Ruhr darniederlag. Zu dem ging Paulus hinein und betete und legte die Hände auf ihn und machte ihn gesund.*
Von der Heilung durch das Salben mit Öl, ist dann auch in relativ späten neutestamentlichen Schriften zu lesen. So schreibt Jakobus (um die erste Jahrhundertwende unserer Zeitrechnung, + / - 20 Jahre) in seinem Brief (5,13ff): *Leidet jemand unter euch, der bete; ist jemand guten Mutes, der singe Psalmen. Ist jemand unter euch krank, der rufe zu sich die Ältesten der Gemeinde, dass sie über ihm beten und ihn salben mit Öl in dem Namen des Herrn.*
Dieser Brauch wird in der römisch-katholischen Kirche noch heute im Sakrament der Krankensalbung (eines der sieben Sakramente) praktiziert.

Während der Krankensalbung legt der Priester (im röm.-kath. Sprachgebrauch ist das der ‚Presbyter') den Kranken schweigend die Hände auf und betet für sie. Anschließend salbt er die Kranken mit einem Öl, das möglichst von einem Bischof geweiht sein soll. Die Krankensalbung soll den Kranken stärken, beruhigen und ermutigen, um all das Schwere seiner Krankheit oder seines Alters zu überwinden.
In all dem, was bei heilendem Händeauflegen an geistlichen Inhalten mitschwingt, sei auf das tröstliche, auf Geborgenheit, auf Nähe und Liebe vermittelnde Händeauflegen hingewiesen. Sie sind an sich schon göttlichen Wesens.
Je anonymer in der ‚Gerätemedizin' die Beziehung und je größer die auch räumliche Distanz in Diagnose und Therapie zwischen Behandelndem/r und dem/r zu Behandelnden sind, umso mehr Menschen erinnern sich an persönliche und nahe Behandlungsmethoden, weil sie sich so in ihrer Ganzheit angesprochen und behandelt fühlen, und suchen sie. Sie finden sie häufig in der Praxis des/r Homöopathen/in, bei Reiki[137], bei ‚geistlichem Heilen'[138] und anderen zur Schulmedizin alternativen Verfahren. Sie möchten *berührt werden,* im wahrsten Sinn des Wortes wieder be*hand*elt, menschliche Nähe spüren und hier im/in der Behandelnden vielleicht auch die göttliche Nähe, - weil sie wissen, oft hilft die Berührung mehr als das, was Worte oder Zahlen auf einem ausgedruckten Diagnosezettel jemals aussagen können.

2. Hände segnen

Berichte über segnende Hände sind in jüdisch-christlichem Zusammenhang schon im AT belegt (Gen. 48, 15ff, Num. 27, 21f). Gott segnet die Menschen

---

[137] Wikipedia, Stichwort ‚Reiki' 8. 2. 2012: ‚Der Begriff Reiki stammt von den japanischen Worten *rei* (Geist, Seele) und *ki* (Lebensenergie) und wird in der Regel…als „universelle oder universale Lebensenergie" übersetzt. Reiki bezeichnet dabei sowohl die Behandlungsform und Technik, als auch die hypothetische Energie, mit der gearbeitet werde…Durch die Reiki-Behandlung wird die Steigerung des allgemeinen Wohlbefindens, die Erhaltung von Gesundheit und die Aktivierung der Selbstheilungskräfte im Krankheitsfall angestrebt. Die *therapeutische Energiearbeit* erfolgt dabei mit Hilfe der Hände des Reiki-Gebenden….Die Wirksamkeit von Reiki im Hinblick auf die Heilung von Krankheiten ist trotz zahlreicher Studien mit unterschiedlichen Ergebnissen wissenschaftlich nicht plausibel und bisher nicht belegt worden…Reiki-Praktizierende glauben im Gegensatz zu anderen Formen der Energiearbeit, nicht mit ihrer eigenen Energie zu arbeiten, sondern mit einer universellen oder universalen Lebensenergie, die Reiki genannt wird. Reiki soll durch Handauflegen oder durch einige Zentimeter über dem Körper gehaltene Hände übertragen werden… Ziel der Reiki-Behandlung ist die körperliche, geistige, seelische und soziale Gesundheit. Reiki-Praktizierende vertreten einen ganzheitlichen Ansatz und gehen davon aus, dass Veränderungen in einem Bereich Veränderungen in anderen Bereichen bewirken können.'

[138] Wikipedia: Stichwort ‚Geistheilung', 8. 2. 2012: Geistheilung (auch: *geistige Heilung*, *geistiges Heilen*, *paranormale Heilung*) ist ein Oberbegriff für eine Vielzahl höchst unterschiedlicher alternativmedizinischer, esoterischer, religiöser oder magischer Behandlungsmethoden, die sich nicht in die wissenschaftliche Medizin oder die klassische Psychotherapie einordnen lassen… Behandlungsmethoden, die der Geistheilung zugeordnet werden, sind zum Beispiel: Gebetsheilung, Handauflegen,… Schamanismus,… Therapeutic Touch.'

(Gen. 1, 22) und die Stammväter (Gen. 9, 1); die Patriarchen segnen ihre Nachkommen (Gen. 27, 23ff). Die Väter segnen ihre Kinder (Sir. 3, 9). Charismatische Führer (Ex. 39, 43), die Priester (Lev. 9. 22), der König (2. Sam. 6, 18) das Volk und umgekehrt. Gesegnet wird bei Geburt, der Hochzeit, bei Amtsantritt, zur Begrüßung oder zum Abschied, oder im Gottesdienst (vgl. den Aaronitischen Segen aus Num. 6, 24ff) Eine sehr bekannte neutestamentliche Stelle erzählt von der Segnung der Kinder: ‚*Und sie brachten Kinder zu ihm, damit er sie anrühre. Die Jünger aber fuhren die an, die sie trugen. Als es aber Jesus sah, wurde er unwillig und sprach zu ihnen: Lasst die Kinder zu mir kommen und wehret ihnen nicht; denn solchen gehört das Reich Gottes. Wahrlich, ich sage euch: Wer das Reich Gottes nicht empfängt wie ein Kind, der wird nicht hineinkommen. Und er herzte sie und legte die Hände auf sie und segnete sie.*' (Mk. 10, 13ff. parr).
Unter dem Wort ‚Segnen' verstehen wir eine *Hand*lung, die durch die Geste von zum Segen erhobenen Händen oder sogar mit dem Auflegen der Hände geschieht. Hierbei wird laut oder leise (vielleicht auch nur gedacht) ein Segenswort gesprochen. Ursprung und Quelle des Segens in jüdisch-christlicher Tradition ist Gott selbst. Die, die ihn spenden, vermitteln den Segen lediglich. Sie tun dies in Gottes Namen. Im Segen wird eine heilvolle Kraft zugesprochen, durch sie Leben, Gesundheit und Gedeihen, Glück und Wohlstand, Hilfe, Bewahrung und Heil. Bis in die heutige Zeit haben sich Anlass zum Segen und der Segen selbst im Zusammenspiel von Wort und Geste ungebrochen gehalten. Er begleitet die Tage, wichtige Lebensabschnitte, kultische Handlungen. In römisch-katholischer Tradition weitet sich der Segen von Personen auch auf Gebäude, Gegenstände, Sachen, Tiere oder Felder und Wälder aus. Das Segnen eines Brotes vor dem Anschneiden durch ein Kreuzzeichen oder des Essens überhaupt kennen wir aus traditionell-konservativen und eher ländlichen Gebieten.

2. 1. Segnende Hände vermitteln den Heiligen Geist

Zu Beginn ihres Lebens erfahren Menschen, egal in welche Kultur sie hineingeboren werden, eine segnende Geste. In den meisten christlichen Kirchen geschieht das in sehr frühem Alter in der Taufe.
Die Kirchen sind sich im Grunde genommen einig darin, dass die Taufe über das hinaus, was Segen grundsätzlich vermittelt, die Vergebung der Sünden zuspricht (im Zeichen des Wassers, das die ‚Erbsünde' abwäscht), den Heiligen Geist verleiht, in die Gemeinschaft der Kirche eingliedert und Anteil gibt an dem Segen, den Jesus seiner Kirche verheißt. Der/Die Getaufte wird, weil auf Jesu Namen getauft, durch Jesus in den Bund Gottes mit seinem Volk Israel hineingenommen.
Verschiedene Male (Lk. 12, 12 u. A.) verheißt Jesus seinen Jüngern den Geist Gottes, also den Heiligen Geist, der die Jünger auch nach dem Tode Jesu

begleiten und leiten soll. Der Evangelist Johannes geht sogar soweit, dass er meint, der Höhepunkt der Wirksamkeit Jesu sei mit Karfreitag und Ostern noch nicht erreicht, der entscheidende Abschluss der Heilsereignisse vollziehe sich vielmehr erst durch seine Himmelfahrt und der dann von Jesus verheißenen Ausgießung des Heiligen Geistes. So lesen wir:
Nun aber gehe ich hin zu dem, der mich gesandt hat ... es ist für euch gut, dass ich weggehe. Denn wenn ich nicht weggehe, kommt der Tröster nicht zu euch. Wenn ich aber gehe, will ich ihn zu euch senden. (Joh. 16,5+7)
Voraussetzung für den Empfang des Heiligen Geistes ist der Glaube. So verheißt Jesus bei Johannes schon sehr früh die Kraft des Heiligen Geistes allen, die glauben, dass er der Messias ist. Wir lesen: Jesus sprach: *‚Wen da dürstet, der komme zu mir und trinke! Wer an mich glaubt, wie die Schrift sagt, von dessen Leib werden Ströme lebendigen Wassers fließen. Das sagte er aber von dem Geist, den die empfangen sollten, die an ihn glaubten; denn der Geist war noch nicht da, denn Jesus war noch nicht verherrlicht.‘* (Joh. 7,37-39)
Der Heilige Geist wird über die Jünger ‚ausgegossen‘, nachdem Jesus zu seinem Vater aufgefahren ist. So erfüllt sich nach christlicher Tradition am Pfingsttag das Versprechen Jesu. Die Jünger werden vom Heiligen Geist erfüllt und beginnen *‚die großen Taten Gottes zu verkünden‘* (Apg. 2, 11). Aber das Geschenk des Heiligen Geistes gilt nicht allein den Jüngern. In der folgenden Zeit vermitteln die Jünger durch Auflegen der Hände den zuvor mit Wasser Getauften den Heiligen Geist, wie sie ihn selbst am Pfingsttag erhalten haben.
Um zu taufen, aber auch um durch Händeauflegen den Geist Gottes vermitteln zu können, bedurfte es schon in urchristlicher Zeit einer besonderen Beauftragung. So durften in der sich schon in den ersten Gemeinden entwickelnden Ämterhierarchie Diakone taufen, aber zur Handauflegung und somit zur Vermittlung des Heiligen Geistes brauchte es höhere Autorität. Darum erzählt die Apostelgeschichte, dass ein zuvor von der Jerusalemer Gemeinde eingesetzter Armenpfleger bzw. Diakon mit Namen Philippus in Samarien eine ganze Reihe von Menschen für den Glauben an Jesus Christus gewonnen und getauft hatte. Dann aber sandten die Apostel in Jerusalem *zu ihnen Petrus und Johannes. Die kamen hinab und beteten für sie, dass sie den Heiligen Geist empfingen. Denn er war noch auf keinen von ihnen gefallen, sondern sie waren allein getauft auf den Namen des Herrn Jesus. Da legten sie die Hände auf sie und sie empfingen den Heiligen Geist.* (Apg. 8, 14ff).
Ein zweiter Bericht der Apostelgeschichte bestätigt dieses Vorgehen, dieses Mal durch Paulus. So traf Paulus in Ephesus eine kleine Gruppe von Anhängern Johannes des Täufers. Paulus erzählte ihnen von Jesus. Und *‚als sie das hörten, ließen sie sich taufen auf den Namen des Herrn Jesus. Und als Paulus die Hände auf sie legte, kam der Heilige Geist auf sie und sie redeten in Zungen und weissagten.* (Apg. 19, 5ff) In anderem Zusammenhang (der Zauberer Simon Magus, Apg. 8, 17ff) unterstreicht Lukas, dass der Geistempfang der

menschlichen Verfügbarkeit entzogen ist, sondern allein aus der Kraft Gottes geschieht.
Auch der etwa zur Zeit des Lukasevangeliums (ca. 90 unserer Zeitrechnung) verfasste Hebräerbrief spricht in einem Zusammenhang von christlicher Unterweisung, der Taufe und dem Handauflegen. Die Handauflegung wird hier als von der Taufe verschiedene, notwendige und auf die Taufe folgende Handlung beschrieben.
Da diese Handauflegung schon sehr früh, zumindest seit sich die Ämterhierarchie herausgebildet hatte, Aufgabe des Bischofs war, fiel der Zeitpunkt von Taufe, die der Priester durchführen durfte, und Firmung aus praktischen Gründen zeitlich oft deutlich auseinander. Dies ist bis heute so.
In der röm.-kath. Kirche wird sie Firmung genannt. In den evangelischen Kirchen ist die Konfirmation oder auch ‚Einsegnung' Aufgabe des Ortspfarrers/der Ortspfarrerin.
In beiden Kirchen wird betont, dass die Heilsgabe der Taufe an und für sich schon vollständig ist und keiner Ergänzung bedarf. Jedoch wird auf den Ritus der Firmung bzw. Konfirmation großen Wert gelegt. Die Firmung bzw. Konfirmation bestätigt und vertieft die durch die Taufe erhaltene Gnade und schenkt eine besondere Gabe des Heiligen Geistes. Diese Gabe des Geistes hilft und stärkt, authentisch im Reden und Handeln als wahre Zeugen Christi nach seinem Wort zu leben und Zeuge zu sein für Gott in dieser Welt. Durch die Einsegnung wird der/die Konfirmierte/Gefirmte in eine neue Wirklichkeit und Aufgabe hinein entlassen (Priestertum aller Gläubigen). Die Mitteilung oder Übertragung des Heiligen Geistes[139] geschieht während des Konfirmations- /Firmgottesdienstes durch Handauflegung.
Um dies darüber hinaus auch sinnbildlich zu verdeutlichen, wird in der römisch-katholischen Tradition der Firmling mit Chrisam[140] gesalbt. In der Einsegnung wird Firmlingen oder KonfirmandInnen die Fülle des Heiligen Geistes in gleicher Weise vermittelt, wie die Jünger ihn am Pfingsttag in Jerusalem empfangen haben.

2. 2. Segnende Hände senden

Initiationen und Inthronisationen, Beauftragungen und Sendungen zu welchem Dienst, Amt oder zu welcher Aufgabe auch immer, sind in allen Kulturen und Religionen immer schon einem lange tradierten Ritus gefolgt. Auch hierbei spielte die Handauflegung (wohl auch verbunden mit einem Segens- und/oder

[139] Aus der Kasseler Kirchenordnung von 1538/39: ‚Nimm hin den Heiligen Geist, Schutz und Schirm vor allem Argen, Stärke und Hilfe zu allem Guten, von der gnädigen Hand Gottes des Vater, des Sohnes und des Heiligen Geistes.'

[140] ein Salböl, das in einer Chrisammesse am Vormittag des Gründonnerstags (oder an einem früheren osternahen Tag) vom Bischof gewöhnlich in der Kathedralkirche geweiht wird. Chrisamöl ist das Öl der Könige. Durch die Chrisamsalbung erhält der Gefirmte Anteil an der Sendung Christi, ‚Menschen zu heilen, zu befreien, aufzurichten und zu versöhnen (D. Emeis, Sakramentenkatechese, 1991, S. 94).

Sendewort) eine wesentliche Rolle. Dies lässt sich schon in alttestamentlichen Stellen zeigen. So legt Mose in Numeri 27, 21f seinem Nachfolger Josua die Hände auf und verpflichtet ihn auf die Gebote Gottes (vgl. zuvor Num. 11, 24f). In der Apostelgeschichte (6, 11ff) werden den sieben Armenpflegern (Diakonen) unter Gebeten die Hände aufgelegt. Damit werden sie in ihre neue Aufgabe eingewiesen. In gleicher Weise werden in Apostelgeschichte 13, 3 Barnabas und Saulus beauftragt[141]. Der 1. Timotheusbrief (4, 14) weist möglicherweise auf einen älteren Brauch der Amtseinführung hin, wenn der Empfänger des Briefes erinnert wird: *‚Lass nicht außer Acht die Gabe in dir, die dir gegeben ist durch Weissagung mit Handauflegung der Ältesten.‘* Wir können also schon zu dieser Zeit eine Amtseinführung durch Handauflegung beobachten. Sie entwickelte sich wohl parallel zur Gelehrtenordination, wie sie im Judentum nach 70 unserer Zeitrechnung praktiziert wurde.

Bei den Schülern des Paulus, so zum Beispiel in den Pastoralbriefen (zB. im 1. Timotheusbrief), verändert sich je länger je stärker die christliche ‚Lehre von der Gnade‘. Bezeichnete das Wort *‚charisma‘* (Gnadengabe des Heiligen Geistes) noch bei Paulus die Vielfalt der Geistesgaben aller Gemeindemitglieder, so bei seinen Schülern und Nachfolgern nur noch die Amtsgnade der Ordinierten. Diese wird auch nicht mehr von Gott bzw. vom Geist selbst verliehen wie die Geistesgaben, die, so Paulus, alle Menschen von Gott erhalten haben. Hier wird sie durch Handauflegung übertragen. Sie kommt zwar weiterhin von Gott, wird aber zu einer individuellen Eigenschaft des Amtsträgers und steht in seiner Verfügung.

Diese Modifizierung paulinischer Gedanken wurde notwendig, um die Verantwortlichkeiten und die sich inzwischen entwickelten Ämter in den Gemeinden zu klären. Die sog. Amtsträger werden also zuvor durch eine entsprechende liturgische Handlung legitimiert, können auf der anderen Seite aber dann auch nur das weitergeben, was sie selbst empfangen haben. Da die Handauflegung nicht in eigener Macht und Beauftragung geschieht, bedürfen die Beauftragten, die sie vornehmen, selbst der Autorisierung durch Gott. So wird die Handauflegung und mit ihr der Segen nicht nur weitergegeben, sondern muss zuvor selbst empfangen werden. Dies hat sich in der Tradition der Kirche bis heute fortgesetzt. Die röm.-kath. Kirche spricht hier von Priesterweihe (davon zu unterscheiden ist die Diakonats – und Bischofsweihe). Die evgl. Kirchen kennen die Ordination. Die Ordination erfolgt unter Gebet und Handauflegung durch den Ordinator (in der evgl. Kirche in der Regel ein Superintendent/ Dekan; bei der Priesterweihe in der kath. Kirche ein Bischof) und seine Assistenten. Sie verpflichtet den/die Ordinierte/n, das Evangelium gemäß der Heiligen Schrift zu verkünden und die Sakramente, so wie sie von Christus eingesetzt sind, auszuteilen, Beichtgeheimnis und seelsorgerliche

[141] vgl. auch 1. Tim. 4, 14; 5, 22; 2. Tim. 1, 6;

Verschwiegenheit zu wahren und in der Nachfolge Jesu zu leben. Ordination bzw. Priesterweihe bevollmächtigen und befähigen zum Dienst in der Kirche.
Hier sagt die röm.-kath. Kirche, dass die Ordination über eine bloße Wahl, Bestimmung, Delegation oder Einsetzung durch eine Gemeinschaft hinausgeht, denn sie verleiht eine Gabe des Heiligen Geistes, die gestattet, eine ‚Heilige Gewalt' auszuüben[142]. Weil sie in einer Aussonderung und Einsetzung zum Dienst besteht, die Christus selbst vornehme, wird sie auch ‚Weihe' genannt. In ihr bilden die Handauflegung durch den Bischof und das Weihegebet die sichtbaren Zeichen dieser Konsekration.
Von der Ordination zu unterscheiden, ist die Einführung (Installation oder Investitur) und Sendung in einen speziellen Gemeinde- oder funktionalen Dienst, die ebenfalls unter Handauflegung und Gebet geschehen.
Abschließend sei darauf hingewiesen, dass im 1. Timotheusbrief (5, 22) davor gewarnt wird, jemandem die Hände zu schnell aufzulegen. Eine Ordination (oder vielleicht nach getaner Buße die Wiedereingliederung in die Gemeinschaft) oder Sendung sollte nicht allzu schnell oder gar übereilt geschehen. Denn die Ordination (vgl. 1. Tim. 3, 6f) eines ‚Unwürdigen' würde den Ordinierenden mitverantwortlich machen für die Sünden, die der Ordinierte dann in der Folge seines Dienstes begeht[143].
Ergänzend sei erwähnt, dass Taufe, Firmung/Konfirmation und Ordination weder auf Zeit verliehen sind, noch wiederholt werden können. Der durch die Handauflegung und Gebet vermittelte Heilige Geist wird Teil des/der ihn Empfangenden und somit unverlierbares und unauslöschbares geistiges Zeichen. In der röm.-kath. Kirche gehören Taufe, Firmung, Ordination, Krankensalbung zu den sieben Sakramenten, die nur von dazu autorisierten Männern (Priestern, Bischöfen) ausgeübt werden dürfen. In den evgl. Kirchen ist lediglich die Taufe ein Sakrament (Abendmahl/Eucharistie ist das zweite), die durch einen/e ordinierten Geistlichen erfolgt. Unter Sakrament verstehen wir in der christlichen Theologie ein Handeln der Kirche. In diesem ist Gott selbst gegenwärtig (so in der Eucharistie real präsent) durch die Verbindung eines sichtbaren Zeichens (zB. Wasser bei der Taufe, Brot oder Wein bei der Eucharistie) oder in einer sichtbaren Handlung (zB, Handauflegung) mit einem entsprechenden Wort. Das Sakrament gibt Anteil an Gott und seinem Segen.

Zurück zum Großen Springkraut: ‚Impatiens noli tangere!' ‚Rühr-mich-nicht-an!' Müsste es im Blick auf gewollte oder ungewollte Berührung, auf Nähe und Distanz, sogar auf die Gefahr hin, allzu schnell und zu voreilig zu berühren, nicht eher gegenteilig heißen: ‚Patiens tangere!' Also: ‚Sei geduldig – Berühre!', um uns zu sagen: Moment! Handle nicht vorschnell! Wenn du mich siehst, sei vorsichtig, habe Geduld, vor allem: geh verantwortlich mit mir um, sei immer bewusst in dem, was du tust, wenn du mich oder andere berührst.

[142] vgl. Katechismus der Katholischen Kirche, 1993, S. 415.
[143] So Joachim Jeremias, Die Briefe an Thimotheus und Titus, NTD 9, 1970, S. 37

Schaue immer erst in aller Ruhe, wen oder was du vor dir hast, bevor du helfen und berühren, die Hand auflegen willst. Wenn du aber dann weißt, was du tun musst und das es das Richtige ist, dann berühre!

Printed by Books on Demand GmbH, Norderstedt / Germany